Don Marquis

Hermine und ihre kleine Gruppe fortschrittlicher Denker

oder

Die transzendenten Erkenntnisse einer reichen Erbin

AF176208

Aus dem amerikanischen Englisch übersetzt und mit erläuternden Anmerkungen versehen von Maria Weber.

Don Marquis

Hermine und ihre kleine Gruppe fortschrittlicher Denker

oder

Die transzendenten Erkenntnisse einer reichen Erbin

Impressum:
© 2018 Maria Weber (Übers.)
Originaltitel: *Hermione and her little group of serious thinkers,* 1916.
Herstellung und Verlag: BoD – Books on Demand, Norderstedt.
ISBN: 978-3-75287-744-1

Inhalt.

Einleitung.

(Vorstellung einiger Freunde Hermines)

Ich besuchte kürzlich eines Nachts,
Die Unterwelt des Gedankens, das Geistesblitz-Gewirr,
Das Land des müßigen Unsinns;
Einen seltsamen Salon, wo sich
Sonderling, Verrückter, Nervensäge und Gammler
versammeln.

Dort sitzen sie und sinnen:
Ein Feuerzeug, das nie zündet,
Große Künstler, Männer oder Frauen, die zwar reden,
Aber Tinte und Kreide verachten,
Und kubistische Bildhauer, wild wie die Ziegen.

Theosophen und Swamis ebenso,
Musiker, so verrückt wie Hutmacher
(Selbst zwei oder drei verrückte Hutmacher!)
Zahme Anarchisten, eine triste Mannschaft,
Elende Sozialisten, zu mutlos, um voranzugehen,
Falsche Möchtegernkünstler, schaumdurchtränkt,
Flinkzüngige Frauen in kunstreichen Klamotten
Mit befangenen, linkischen und eingeschüchterten
Ehemännern.

Ich sah einige Seelengefährten Seite an Seite
Die sagten, ihre süßen jungen Seelen seien rosenfarben;
Ich sah ein Genie an der Schwelle
(So sagte er) zum Selbstmord.

Ich sah einen Dramatiker, der es versucht hatte,
Aber die Öffentlichkeit nicht
Zum Nachdenken bewegen konnte;
Ich sah einen Schriftsteller, der weinte,
Als er im Suff seine eigenen Verse las;
Ich traf einen schüchternen glupschäugigen Narren
Der achtmal sagte: „Meine Braut ist die Kunst!"

Eine Schwuchtel in Sandalen schlug die Trommeln
Und schrie uns einen chinesischen Gesang entgegen,
Während ein Nilpferd
Tische, Bücherregale und Diwane
Mit gewaltiger Tanzwut erschütterte...
Ein einziges orientalisches Durcheinander...

Ein rattengesichtiger närrischer Knabe beschmierte
Weißes Papier mit metrischen Verbrechen.
Er, eine Art quakender Trübsalsbläser
Der erotische Schmonzetten traurig anzuhören macht,
Gott in seinen gestohlenen Reimen verspottet
Und einen Rubin in einem Ohr trägt,
Raunte mir zu: „Meine goldene Seele
Trinkt Lieder aus einer Kristallschale...
Trinkt Liebe und Gesang... meine goldene Seele!"
Ich ließ ihn am Leben. Es waren keine Ziegelsteine da,
Sonst würde diese goldene Seele nun
Im Styx Wasser treten.

Ein bleicher anämischer Schopf,
So blutleer wie ein Kreidestück
Beschäftigte sich mit dieser Art von Gesprächen:

„Der Sünder ist mißverstanden!
Wie kann der Geist eintreten
Und mit dem wahren Guten vermischt werden,
Wenn nicht durch die Anziehung der Sünde?"
„Nun", murmelte ich, traurig und leise,
„Da muß ich passen – ich weiß es nicht!"

Auf einem Kaminsims stand eine Büste...
Irgendein Hindugott, mopsgesichtig und plump;
Ein Gesicht, das Abscheu erregt...
Lord Zechpreller, die Gottheit der Fäulnis...
Nein, gewiß war es der große Gott Unfug,
Denn wenn ich ihn anblinzelte, zwinkerte er zurück!

Ich habe gehört... Ich hörte,
Daß in dieser Nacht bewiesen wurde,
Daß das Feuer kalt und Schwarz Weiß ist,
Daß Müll Kunst und Kunst Müll ist,
Daß Tugend falsch, und Laster richtig ist,
Daß Tod Leben und Leben Tod ist,
Daß Atem Fels und Fels Atem ist: –
Das schlichte und simple Paradoxon:
Der Narr bockt und hofft, daß er anstößt...

Verblödet stolperte ich auf die Straße
Und schwatzte auf einen freundlichen Polizisten ein:
„Da Monde Federn an den Füßen haben,
Warum sitzt Ihre Kopfbedeckung oben?
Und wenn Sie die Binsenwahrheit verschmähen,
Warum tragen Sie eine Nase in Ihrem Gesicht?
Und da Pythagoras über
Sexualhygiene und kosmisches Gesetz schweigt,

Ist Ihre blonde Bestie dann so dumm wie ein Vieh,
So blind wie ein Vieh, wie Bernard Shaw?
Ohne Zweifel haben Sie,
Wenn Sie durch die Parks schreiten,
Zuweilen zwei goldene Seelen mit Ibsens Geist
Und dem alten Dr. Marx,
Schaum und Schluchzer aus Kristallschalen trinken sehen?"

„Nein", sagt er, „das habe ich nicht, alter Knabe,
Und wenn ich es täte, würde ich sie schlagen!"

„Gelobt sei Gott", sagte ich, „zumindest ist
Die Welt hier und da gut bewacht!"

Aufrichtigkeit im eigenen Heim.

Aufrichtigkeit sollte der Grundton eines Lebens sein, meinen Sie nicht?

Aufrichtigkeit – Schönheit – Nutzen – das sind meine Losungen.

Ich habe gestern Abend einer solch interessanten Unterhaltung über Aufrichtigkeit beigewohnt. Ich gehöre zu einer kleinen Gruppe ernsthafter Denker, die sich in dieser Woche in all ihren Handlungen der Aufrichtigkeit widmen.

Wir haben die Aufrichtigkeit im eigenen Heim besprochen.

Es ist doch so – viele Häuser von Menschen repräsentieren nichts Persönliches.

Das *aufrichtige* Heim sollte voller Sinnhaftigkeit und Persönlichkeit sein - Dekorationen, Teppiche, Verzierungen, Vorhänge und so fort, verstehen Sie.

Das Heim repräsentiert die Seele.

Also gehe ich von oben bis unten durch unser Haus und bringe Persönlichkeit hinein.

Ich habe einen Raum, den ich das „Ahnenzimmer" nenne.

Wenn man Ahnen hat, halten einen die ererbten Traditionen doch irgendwie auf dem richtigen Weg. Sie wissen schon, was ich meine — man kann seine Herkunft nicht verleugnen, und all das. Vorfahren helfen einem, aufrichtig zu sein.

Also habe ich mein Ahnenzimmer mit allerlei Dingen ausgestattet, um mich an die lieben Toten zu erinnern, von denen ich meine Traditionen geerbt habe.

Erbstücke und Porträts und solcherlei.

Allerdings wurden alle unsere Familienerbstücke vor einigen Jahren in einem Feuer zerstört.

Also mußte ich in die Antiquitätenläden gehen, um Porträts und Möbel und Stühle und Schnupftabaksdosen und Schwerter und Feuereisen und andere Dinge zu kaufen.

Ich kaufte ein allerliebstes altes Spinett — wahrhaft ein Glücksgriff!

Nun kann ich mich davor hinsetzen und mir vorstellen, daß ich die Großmutter meiner eigenen Großmutter bin. Und es ist wunderbar, zwischen diesen alten Erbstücken zu sitzen und zu spüren, daß die Persönlichkeiten meiner Vorfahren um mich herum atmen und pulsieren!

Wenn ich am Spinett sitze, fühle ich, daß meine Persönlichkeit endlich wirklich in meiner Umgebung widergespiegelt wird.

Ich fühle, daß ich inmitten meiner Traditionen endlich Aufrichtigkeit erreicht habe.

Und da ist ein Bild einer lieblichen alten Dame… Sie wissen schon, in altmodischer Kleidung und alldem... und die Haare auf eine ganz besondere Weise frisiert...

Mama sagt, es ist ein *gestelltes* Bild – nicht wirklich eine Antiquität – aber ich kann einfach die Persönlichkeit fühlen, die es ausstrahlt.

Ich habe es auch zu einem Schnäppchenpreis bekommen.

Ich nenne es – das Bild – nach einer meiner Vorfahrinnen, die in den alten Kolonialzeiten in dieses Land gekommen ist. Mit William the Conqueror – oder vielleicht war es auch William Penn.

Jedenfalls nenne ich das Bild nach ihr – Lady Clarissa. Sie heiratete einen Bürgerlichen, wie so viele der frühen Siedlerinnen dieses Landes dies taten.

Wenn ich am Spinett sitze und Lady Clarissa anschaue, frage ich mich oft, was Menschen ohne Familientraditionen tun.

Und es ist so angenehm zu wissen, daß ich in einem Raum bin, der wirklich meine Persönlichkeit widerspiegelt!

Schwingungen.

Haben Sie sich je Gedanken über Schwingungen gemacht? Wir widmen uns ihnen in dieser Woche – eine kleine Gruppe fortgeschrittener Denker, zu denen ich gehöre – und sie sind alle so wunderbar wertvoll – einfach wundervoll!

Diese Frage stelle ich mir immer – ist eine Sache der Mühe wert? Oder nicht?

Schwingungen sind der Schlüssel zu allem. Früher waren es Atome, aber die sind nun ziemlich verbraucht.

Wissen Sie — was die neuen Tänze so wunderbar macht, ist, daß sie einen in Schwingungen versetzen.

Für einen ungeübten Geist wären solche Schwingungen natürlich gefährlich.

Aber ich habe immer das Gefühl, daß die richtige Art von Verstand aus allem das Gute ziehen wird, während die falsche Art Schaden nimmt.

Eine sehr interessante Frau hat unserer kleinen Gruppe neulich einen Vortrag über einteilige Badeanzüge und den griechischen Geist gehalten.

Sind Sie nicht absolut vernarrt in die Griechen?

Sie hatten einige überaus *moderne* Ideen — es scheint so, als ob wir von ihnen eine Menge unserer fortschrittlicheren Gedanken beziehen, wenn Sie verstehen, was ich meine. Sie waren auch so *ungezwungen*. Man muß nur ihre Friese und Vasen und derlei Dinge betrachten, um das zu erkennen.

Und der einteilige Badeanzug, so sagte die Frau, sei eine unbewußte, moderne Bemühung, zum griechischen Geist zurückzukehren.

Sie hatte ihren Ehemann dabei. Er ist nicht belesen oder so etwas, ganz und gar nicht.

Aber sie selbst sieht nicht sehr griechisch aus, obwohl ihr Geist so griechisch ist, deswegen hat sie diesen griechisch aussehenden Ehemann, der die Sandalen und die Tuniken und die Togen und derlei Sachen trägt.

Sie nennt ihn Achilles.

Es ist eigentlich ganz in Ordnung so, wissen Sie — Achilles bleibt hinter einem Schirm, bis sie will, daß er einen Punkt verdeutlicht, und dann kommt er mit einer Leier oder einer Laute oder so etwas heraus, und steht einfach da und sieht griechisch aus. Und dann geht er zurück hinter den Schirm und wechselt in das nächste Kleidungsstück, in dem sie ihn braucht.

Natürlich gibt es viele Männer, die das nicht so gut ertragen könnten wie Achilles. Aber wenn wir schon davon sprechen, so gibt es auch viele Männer, die in Badeanzügen nicht gut aussehen.

Und natürlich haben unsere amerikanischen Männer nicht das Gemüt, etwas Derartiges zu tragen.

Natürlich wäre es schon ein Schock, wenn wir alle uns in Griechen verwandeln und in einen Speisesaal oder einen Salon kommen würden, wie Achilles das tut.

Nicht daß das Temperament noch so viel Unterschied wie vor ein paar Jahren ausmachte — Temperament und Persönlichkeit lassen nach und die Individualität nimmt zu.

Haben Sie sich schon einmal Gedanken über das Geister-Schreiben gemacht?

Es wird wieder aufgenommen, wissen Sie.

Nicht die vulgäre, altmodische Art des Spiritismus — das war so gewöhnlich, nicht wahr?

Die neuen Geister sind anders. Mehr — mehr — nun, irgendwie *raffinierter*. Wie die neuen Tänze im Vergleich zu diesem schrecklichen Schlurftanz.

Man sollte sich immer selbst fragen: „Hat dies einen verfeinernden Einfluß auf mich? Und durch mich auf die Welt?"

Denn schließlich besteht eine Pflicht, die man der Gesellschaft im allgemeinen schuldet.

Haben Sie schon die neuen Sonnenschirme gesehen?

Sind die Russen nicht wundervoll?

Sind die Russen nicht wunderbare Menschen!

Wir haben uns ernsthaft Djagilew vorgenommen — unsere kleine Gruppe, Sie wissen schon — und wirklich, er ist wundervoll!

Wer sonst außer Djagilew konnte diesen reizenden russischen Dingen die richtige Betonung geben?

Und die Betonung — wenn Sie verstehen, was ich meine — die Betonung ist alles!

Betonung! Was wäre die Kunst ohne Betonung?

Der Ausdruck wird verstärkt, und das, was sie den „Hieb" nennen, verringert. Ich dachte immer, es wäre eine schrecklich gewöhnliche Sache, dieser — Hieb!

Was ich an den Russen liebe, ist ihr Orientalismus.

Wissen Sie, es gibt ein altes Sprichwort: Wollen Sie einen Russen finden, fangen Sie einen Tataren... oder etwas in der Art.

Ich bin mir sicher, daß das falsch ist... Ich bringe Zitate immer *durcheinander*. Aber ich weiß immer, wo ich sie finden kann.

Aber der russische *Elan* ist nicht orientalisch, oder? Sind Sie nicht ganz verrückt nach dem *Elan*?

Das ist es, was Bakst so faszinierend macht, meinen Sie nicht? — sein *Elan*!

Obwohl man sagt, daß die russischen Opern sich nicht so gut analysieren lassen wie die deutschen oder die italienischen — wenn Sie verstehen, was ich meine.

Aber andererseits — wer analysiert sie überhaupt?

Man kann nicht wissen, wie man eine Oper bewerten muß, und doch weiß man vielleicht, was man mag!

Ich nehme an, daß es bald eine schreckliche Menge an Imitationen russischer Musik und Balletts geben wird. Sind Nachahmer nicht einfach hassenswert?

Man findet sie überall – die Nachahmer! Es ist die aufrichtigste Schmeichelei, sagen sie. Aber das entschuldigt es nicht, oder wie sehen Sie das?

Da gibt es ein Mädchen – eine meiner Freundinnen, wie sie sagt – die immer versucht, mich zu imitieren. Meinen Gesichtsausdruck, verstehen Sie, und die Art, wie ich rede und gehe, und all diese Dinge.

Es gelingt ihr, einige meiner oberflächlichen Verhaltensweisen nachzuahmen... aber sie kann mich nicht ganz so imitieren, als wären es ihre eigenen... da kommen wir wieder auf die Betonung!

Wie Leiden läutert!

Oh, durch Feuer zu gehen und geläutert daraus hervorzukommen! Leiden ist wundervoll, nicht wahr? Einfach wundervoll!

Ein reizender Mann hat uns – unserer kleinen Gruppe ernsthafter Denker – gestern Abend einen Vortrag über gesellschaftliche Ideale und Leiden gehalten.

Der Grund, warum so viele Versuche, die Dinge zum Guten zu verändern, fehlschlagen, ist, weil die Leute, die sie zu verbessern suchen, nicht persönlich gelitten haben.

Er hatte wunderschöne Augen, dieser Mann.

Er hat mich zum Nachdenken gebracht. Ich fragte mich: „Habe ich denn gelitten? Bin ich durch Feuer geläutert worden?"

Und ich entschied, daß ich das war – das hat mit der Seele zu tun.

Das Leiden – das seelische Leiden – das ich dadurch erleiden muß, mißverstanden zu werden, ist furchtbar!

Mama versucht mich an allem, was ich auf mir auf die Fahne schreibe, zu hindern. Papa ebenso.

Ich erhalte kein Verständnis für meine Hingabe an meine Ideale. Nur Widerstand!

Und von Kindheit an habe ich so empfindliche, angespannte Nerven gehabt, daß jeder Widerstand mich krank gemacht hat.

Solche Naturelle gibt es.

Einst, als ich ziemlich klein war und Mama drohte, mich zu schlagen, bekam ich Krämpfe.

Und jetzt nichts als Widerstand, Widerstand, Widerstand!

Nur wir fortschrittlichen Denker wissen, was es heißt zu leiden! Für unsere Ideale durch Feuer zu gehen!

Und was ist körperliches Leiden im Gegensatz zu seelischen Leiden?

Daran denke ich oft, wenn ich mit soziologischer Arbeit beschäftigt bin. Erst kürzlich fuhren am Abend – es regnete und regnete – einige von uns mit dem Auto zu einem der Missionshäuser und sahen sich die Kranken an, die dort umsorgt wurden.

Und mir kam plötzlich der Gedanke: „Ja, körperliches Leiden mag erleichtert werden – aber was vermag seelisches Leiden wie das meine zu lindern?"

Obgleich es einen natürlich zu einem besseren Menschen macht.

Ich denke, es beginnt sich in meinen Augen zu zeigen.

Ich betrachtete sie letzten Abend fast zwei Stunden lang im Spiegel, um ganz sicher zu sein.

Und wissen Sie was? Es gibt einen gewissen Ausdruck in ihnen, der bis vor kurzem nicht da war. Eine Art von einem – einem –

Nun, es ist ein *nicht greifbarer* Blick, wenn Sie verstehen, was ich meine.

Nicht gerade ein *hungriger* Blick, eher ein *sehnsüchtiger*!

Aber Gott sei Dank kann ich ihn kontrollieren – man sollte immer der Kapitän seiner Seele sein, nicht wahr? Ich verberge ihn zuweilen. Weil man sein Leiden vor der Welt verbergen muß, nicht wahr?

Aber zu anderen Zeiten zeige ich es.

Und wirklich denke ich, daß ich es mit etwas Übung schaffen werde, ihn an- und abzuschalten – wenn Sie verstehen, was ich meine – beinahe nach Belieben.

Denn, wissen Sie, in bestimmten Kostümen würde dieser Blick ziemlich unpassend sein.

Ziemlich disharmonisch. Und innere Schönheit entsteht schließlich nur durch innere Harmonie, nicht wahr?

Harmonie! Harmonie! Oh, im Einklang mit dem Unendlichen zu sein!

Beinahe jede Nacht, bevor ich ins Bett gehe, frage ich mich: „War ich heute im Einklang mit dem Unendlichen oder habe ich versagt?"

Verständnis und das eigene Heim.

Es ist *schrecklich*, wenn man in der eigenen Familie nicht verstanden wird!

Papa hat sehr wenig echtes Verständnis für fortschrittliche Ideen. Und Mama erst!

Manchmal denke ich, ich sollte *schreiben*!

Mich selbst, mein wahres Ich, in Liedern ausdrücken. Natürlich keine Reime. Selbst wenn ich ein Jahr daran arbeiten würde, könnte ich keine zwei Zeilen reimen.

Aber Reime kommen sowieso aus der Mode.

Vers libre, das freie Dichten, ist jetzt der letzte Schrei. Wir haben es vor nicht allzu langer Zeit aufgegriffen — unsere kleine Gruppe ernsthafte Denker, wissen Sie — und ich bin glaube wirklich, daß es *mein* Ausdrucksmedium ist.

Es ist so ungehindert, nicht wahr?

Und man sollte ungehindert sein, sowohl in der Kunst als auch im Leben, oder nicht?

Oft frage ich mich, am Ende des Tages: „Bin ich heute wirklich uneingeschränkt frei? Oder habe ich *versagt*?"

Wenn ich mein wirkliches Ich — und wie wundervoll das Ego ist, nicht wahr? — in freie Verse setzen könnte, könnte selbst Papa mich verstehen.

Ich habe mich immer danach gesehnt, verstanden zu werden!

Ich bin immer wieder vor der Ehe zurückgeschreckt, weil ich dachte: „Wird er mich verstehen? Wird er mein wahres Ich sehen?"

Erst am vorigen Abend sprach ich mit einem reizenden Mann, der von seiner Frau mißverstanden wurde. Es ist *furchtbar*!

Er ist Bildhauer. Ein kubistischer Bildhauer. Aber er sieht ziemlich respektabel aus — wirklich, einige sehr angesehene Leute empfangen ihn.

Und er hat wundervolle Augen — mitfühlend, wissen Sie, und hellsichtig — aber ach! auch so rein!

Er schwärmt von Reinheit. Das hat er mir erzählt.

Seine Frau versteht ihn nicht. Sie sieht sein wahres Ich nicht.

Er sagte zu mir: „Ich kann in Ihnen wie in einem offenen Buch lesen. Sie empfinden Sehnsucht. Sie sehnen sich nach wirklichem Verständnis. Niemand hat Sie je verstanden. Ist dem nicht so? Ist das nicht Ihr Geheimnis?"

Ach! Das war es. Ich konnte es nicht leugnen.

Ich sagte zu ihm: „Aber ist echtes Verständnis denn *jemals* erreichbar?"

Er seufzte und sagte: „Ach! Das Unerreichbare!"

Ich wußte, warum er seufzte – es gibt so viel davon – vom Unerreichbaren!

„Was man erreicht", sagte ich, „ist oft nicht faßbar – empfinden Sie es nicht auch so?"

„Ach!", sagte er, „das Unfaßbare!"

Und ich fühlte mich irgendwie – in einer seltsamen hellsichtigen Weise, die schwer faßbar ist, verstehen Sie – durch unser trauriges kleines Gespräch seelisch gestärkt und besänftigt.

Unsere wahren Egos hatten sich berührt. Das wollte er mir sagen.

Er hat neun sehr gewöhnliche Kinder, und seine Frau ist in sozialer Hinsicht sehr schwierig.

Sie besteht darauf, erwerbstätig zu sein, obwohl er sagt, daß ihr Platz zu Hause ist.

Sie sind also auseinander gewachsen. Die Leute laden sie nicht zu sich ein. Nur ihn.

Oh! Verstanden zu werden!

Gedanken über Vererbung und Ähnliches.

Ist Vererbung nicht wundervoll!

Wir haben uns ziemlich eingehend damit beschäftigt – meine kleine Gruppe ernsthafter Denker.

Und wirklich, wenn man sich darauf einläßt, ist es ziemlich kompliziert. Es geht um Homozygoten und Heterozygoten und so etwas.

Die Homozygoten sind – nun, man könnte sie die Aristokraten nennen; Reinrassige.

Und die Heterozygoten sind die Mischlinge.

Nur müssen sie natürlich gar keine Ziegen sein.

Nicht, daß sie keine Ziegen sein *könnten*, genauso wie Pferde, Kühe oder Menschen.

Aber ob nun Ziegen oder Menschen, denken Sie nicht, daß die wichtigste Lektion der Vererbung ist, daß man sein Erbe nicht verleugnen kann?

Wirklich, je eingehender ich mich mit Philosophie und Wissenschaft und solchen Dingen befasse, desto klarer sehe ich, was für ein Fundus der Wahrheit sich in den alten einfachen Sprichwörtern findet!

Die Leute fanden früher instinktiv große Wahrheiten heraus, und jetzt verlegen sie sich auf die Forschung – impfen Meerschweinchen, und all so etwas.

Instinkt! Ist der Instinkt nicht wundervoll!

Und Intuition auch!

Wissen Sie, ich habe zuweilen die bemerkenswerteste Intuition! Habe ich schon erwähnt, daß ich schrecklich hellsichtig bin?

Mr. Finch, der Dichter – Sie kennen Fothergil Finch, nicht wahr? – er schreibt sowohl *vers libre* als auch Gedichte – Mr. Finch sagte mir gestern Abend: „Sie sind *äußerst* hellsichtig!"

„Wie haben Sie das erkannt?", fragte ich ihn.

„Ach!", sagte er, „woher *weiß* man diese Dinge?"

Und wie viel Wahrheit steckt darin, wenn man darüber nachdenkt! Woher *weiß* man es?

Er hat einen ungemein hypnotischen Blick! Ich konnte fühlen, wie seine Augen meine Gedanken von mir abzogen, während wir uns unterhielten.

„Sie haben ein Geheimnis", sagte er.

„Ja", sagte ich. Und zu mir selbst fügte ich hinzu: „Ach!"

„Ihr Geheimnis ist", sagte er, „daß Sie anders als andere Mädchen sind."

Es war äußerst unheimlich! Das habe ich seit Jahren *gespürt*! Aber niemand hatte es jemals zuvor vermutet.

„Mr. Finch", sagte ich, „das muß ich Ihnen erzählt haben – oder es war nur ins Blaue geraten. Sie *können* es nicht hellsichtig erfahren haben. *Woher* wußten Sie das?"

„Man erkennt diese Dinge", sagte er – ein bißchen traurig, dachte ich. „Sie fallen einem einfach zu – aus der Stille; man kann es nicht erklären. Es ist besser, nicht zu fragen, wie! Es ist besser, es nicht in Frage zu stellen! Es ist besser, es zu akzeptieren! Empfinden Sie das nicht ebenso?"

Manchmal denke ich, daß Fothergil Finch der einzige Mensch ist, der mich je verstanden hat.

Sie sehen, ich bin in meiner Persönlichkeit zwiegespalten.

Auf der einen Seite ist das wahre Ich und auf der anderen das Alter Ego.

Und außerdem habe ich so viele Stimmungen, die nicht von einem meiner Egos herrühren! Sie kommen aus meinem unterschwelligen Bewußtsein!

Ist das unterschwellige Bewußtsein nicht wundervoll? einfach *wundervoll!*

Wir werden uns ihm an einem Abend in der nächsten Woche widmen und es gründlich auseinanderpflücken. Aber ich muß mich sputen. Um zwei Uhr habe ich einen Termin bei meiner Schneiderin. Ich habe tatsächlich jemanden gefunden, der meine Kleider meinen inneren Geist widerspiegeln läßt.

Der Swami Brandranath.

Ich habe gestern Abend einen so schönen Vortrag über den Kosmos gehört.

Eine kleine Gruppe fortschrittlicher Frauen, denen ich angehöre, spezialisiert sich in diesem Winter auf den Kosmos.

Wir haben uns des Gegenstandes angenommen, weil die anderen Themen, die wir studierten, ihn so häufig eingeschlossen haben. Und es ist wundervoll, wirklich *wundervoll!*

Natürlich wird sich ein ungeschulter Kopf vergeblich damit auseinandersetzen. Das Interesse muß ernst und aufrichtig sein. Dem muß man Zeit widmen.

Sonst wird man mehr Schaden als Nutzen davontragen, verstehen Sie?

Es ist wie die russischen Tänze.

Sie sind so ursprünglich, diese Tänze! Und all diese ursprünglichen Dinge sind gefährlich, finden Sie nicht auch? Es sei denn, man verfügt über Gelassenheit!

Es ist doch merkwürdig, daß einige der ursprünglichsten Menschen über die größte Gelassenheit verfügen, nicht wahr?

Der Swami Brandranath war so ein Mensch. Ich habe Ihnen doch vom Swami Brandranath[1] erzählt?

Er trug so schöne Roben! Solche Seide kann man in diesem Land nicht kaufen.

Und er hatte so einen *reinen* Blick in seinen Augen. So vielen Menschen fehlt dieser reine Blick, wissen Sie.

Er hat oft mit einer kleinen Gruppe ernsthafter Denker gesprochen, der ich angehöre.

Er hat uns beigebracht, in uns zu gehen – nur haben wir es nie richtig gelernt, denn einige der Mädchen kicherten immer. Es gibt immer solche Leute. Der liebe Swami! – Er war so geduldig! Es sei abendländische Leichtfertigkeit, sagte er, und wir könnten nicht anders.

Das ist einer der Hauptunterschiede zwischen dem Orient und dem Okzident.

Wie wundervoll sie sind, die Orientalen. Und man denke nur an Indien mit all seinen Yogis und Basaren und Mahatmas und Howdahs und Rajahs und so weiter!

Er war ein Brahmane, dieser Swami. Ein Brahmane und ein Burman sind dasselbe, wußten Sie das?

Es ist eine Kaste, das ist, wie wenn man zu einer unserer besten Familien gehört.

Der Swami erklärte uns die Merkmale der Kasten und so weiter.

Und dann fragte eines der Mädchen, ob er tätowiert sei! Was für eine Vorstellung!

---

[1] Offenbar eine Persiflage von Rabindranath Tagore.

Fothergil Finch, der Rebellenpoet.

Ist es nicht merkwürdig, daß manche der radikalsten, fortschrittlichsten und männlichsten Führer der Modernen Kunst und des Modernen Denkens überhaupt nicht danach aussehen?

Da ist zum Beispiel Fothergil Finch. Niemand könnte männlicher sein als Fothy in seiner Seele. Das innere Ego von Fothy ist stets ein Riese in Aufruhr, wenn Sie verstehen, was ich meine.

Und doch würde man, wenn man Fothy ansieht, nicht denken, daß er ein moderner Wilder wäre. Nicht daß er wie ein Schwächling aussieht. Aber – nun, man würde eher glauben, daß Fothy über Veilchen statt über Blitze schreibt.

Der liebe Papa liegt bei ihm *völlig* falsch.

Erst gestern sagte der liebe Papa zu mir: „Hermine, wenn du diesen verdammten kleinen *vers libre*-Kümmerling nicht von hier fernhältst, werde ich ihm eine Arbeit beschaffen, und daran wird er sterben."

Aber man kann nicht erwarten, daß Papa Fothy schätzt. Papa ist so reaktionär und konservativ.

Und Fothys Leben ist ein einziger langer, grimmiger, verzweifelter Kampf gegen die Konventionalität, die soziale Ungerechtigkeit, die Selbstgefälligkeit, die etablierte Ordnung und die Unzufriedenheit. Er ist auf ewig ein Märtyrer des Neuen und Wahren in der Kunst und im Leben.

Letzte Nacht hat er mir sein jüngstes Gedicht vorgelesen – eines seiner größten Gedichte, sagt er – in dem er versucht sein wahres Selbst zu beschreiben.

Fothy wird immer aufgeregt, zittert und leidet unter Luftnot, wenn er seine eigenen Gedichte liest, und während er sie las, kam Papa ins Zimmer und blamierte sich, indem er ihn fragte, ob mit dieser Art von Poesie auf irgendeine Art *Geld* zu verdienen wäre, und Fothy war so aufgeregt, daß er beinahe schrie, als er sagte:

„Geld... Geld... dieses verfluchte Geld! Geld ist eines der Dinge, gegen die ich mich auflehne... Geld bedeutet Tod und Verdammnis für den freien Geist!"

Papa sagte, es tue ihm leid, das zu hören; er sagte, eine seiner Firmen brauche einen Werbetexter, und er habe nichts dagegen einzuwenden, einen Freigeist anzuheuern, aber er könne sich nicht vorstellen, jemanden dazu zu bringen, Anzeigen zu schreiben, der Geld haßt, denn mit der Arbeit sei ein Gehalt verbunden.

Und Fothy sagte: „Sie versuchen mich zu bestechen! Der Kapitalismus wirft sein Netz über mich! Sie versuchen mich zu einem Leibeigenen zu machen – eine freie Stimme zum Schweigen zu bringen! Aber ich werde widerstehen! Ich werde nicht versklavt werden! Ich werde keine Werbung schreiben. Ich werde keine Stelle annehmen!"

Und dann sagte Papa, er sei froh, Fothys Gefühle zu hören. Er hatte befürchtet, sagte er, daß Fothy plane mich zu ehelichen. Und der Mann, der *seine* Tochter heiratete, würde es wohl ertragen müssen, einiges Vermögen zu besitzen, denn er hätte immer vorgehabt, seinem Schwiegersohn etwas Gutes zu tun. Wenn also Fothy kein Geld wollte, würde er mich nicht wollen, denn zu mir gäbe es eine enorme Geldsumme dazu.

Wissen Sie, mein Papa hält sich für schrecklich sarkastisch.

So viele bodenständige Menschen sind stolz auf ihren Sarkasmus, nicht wahr?

Und Papa ist ganz und gar bodenständig. Ich habe sein Horoskop gesehen. Er ist *überhaupt* nicht spirituell.

Aber Sie können sich vorstellen, daß mir die ganze Szene *schrecklich* peinlich war – ich werde Papa *niemals* vergeben!

Und wegen Fothy habe ich mich *überhaupt* nicht entschieden. Aber was ich weiß, ist Folgendes: Wenn ich erst einmal eine Entscheidung getroffen habe, *werde ich keinen* Widerstand *woher auch immer* akzeptieren.

Man muß ein Individualist sein oder untergehen!

Wie es dazu kam, daß der Swami sieben Ehefrauen hatte.

Ist das mit dem Elefanten im Zoo nicht furchtbar? Oh, Sie wissen schon! – es ist wie Gunga Din, aber natürlich ist es gar nicht Gunga Din.

Wie auch immer, er ist *sein ganzes Leben lang angekettet!* Ich nehme an, jemand hat ihm scherzhalber Tabak gegeben, und das hat ihn wütend gemacht. Ich habe von diesen Fällen gehört, Sie nicht?

Ein Elefant ist solch ein – solch ein – nun, *edles* Tier, nicht wahr?

Vielleicht macht ihn seine Seelenwanderung dazu.

Denken Sie nur – die Seele eines indischen Howdah könnte in diesem Tier sein!

Oder ist es ein Rajah?

Wie auch immer, er sitzt auf einem Elefanten.

Wir widmeten uns einmal der Seelenwanderung – unsere kleine Gruppe ernsthafter Denker – und es ist wundervoll; einfach *wundervoll!*

Das war, als der Swami Brandranath mit uns redete. Der liebe Swami! Solche Augen – so rein und doch so bezwingend! – habe ich bei keinem Menschen gesehen.

Das Auge ist das Fenster zur Seele, wissen Sie.

Er ist jetzt im Gefängnis, der arme, liebe Swami. Aber er war überhaupt kein Bigamist. Sehen Sie, er wechselte zwischen sieben spirituellen Ebenen. Wir alle tun es, nur die meisten von uns wissen es nicht. Aber er konnte ziemlich leicht von einer Ebene zur anderen gelangen.

Natürlich konnte er sich nicht erinnern, was er in einer Ebene getan hatte, während er auf der nächsten darüber oder darunter war. Und so kam es, daß er sieben Frauen hatte – eine für jede spirituelle Ebene.

Nur das Gericht hat sich darüber hinweggesetzt. Scheinbar hatte es auch etwas mit der Lebensversicherung zu tun.

Die Abendländischen neigen sehr dazu, die geistige Leichtigkeit des Orientalen zu vermissen, meinen Sie nicht? Wir sind – alle außer den Vordenkern und einer kleinen Gruppe hier und dort – so gewöhnlich.

Hassen Sie das Gewöhnliche nicht auch?

Natürlich nicht wirklich verabscheuen – denn der harmonische Geist läßt sich nicht stören.

Der harmonische Verstand erkennt, daß Schmutz nur nützliche Materie an der falschen Stelle ist, wie Tennyson irgendwo so süß singt.

Tennyson ist natürlich ziemlich außer Mode. Er ist so – nun, wenn Sie verstehen, was ich meine – irgendwie so typisch viktorianisch.

Es scheint, daß er die ganze Zeit typisch viktorianisch *war*, es aber erst vor kurzem erkannt worden ist.

Obgleich ich „Komm in den Garten, Maud" immer für eine der süßesten kleinen Epen der Welt halten werde.

Ich bin auf diese Weise sehr unabhängig, trotz der Kritiker. Kritik ist schließlich doch nur eine Frage des individuellen Geschmacks, nicht wahr? Das heißt, im Endeffekt.

Unabhängigkeit! Die braucht dieses Zeitalter. Beinahe jede Nacht, bevor ich ins Bett gehe, sage ich mir selbst: „War ich heute unabhängig? Oder habe ich *versagt?*"

Ich glaube an dieses kleine spirituelle Innehalten, Sie nicht auch?

Es hilft einem, mit dem Unendlichen in Einklang zu bleiben.

Das Unendliche! Wie viel es umfaßt! Und wie wenig davon verstehen wir wirklich!

Wir werden uns des Unendlichen bald gründlich annehmen – unsere kleine Gruppe fortschrittlicher Denker.

Die romantischen alten Tage.

Es muß furchtbar schwierig gewesen sein, in den Tagen vor der Erfindung von Autos, Eisenbahnen oder ähnlichem herumzukommen.

Natürlich war es auch wunderbar romantisch.

Vor allem die alten Kutschentage, als alle auf Hörnern bliesen, wenn sie von Stadt zu Stadt fuhren, und es Wegelagerer und Kavaliere mit Schwertern und all diese Leuten gab, die an den Kutschen vorbeifuhren.

Finden Sie Romantik nicht einfach herrlich? Ich auf jeden Fall!

Aber natürlich ist dafür kein Platz in unserem hastigen modernen Leben, und ich denke, wir sollten deswegen nicht traurig sein.

Aber hin und wieder seufze ich darüber. Als ob man über einer geliebten alten Truhe, die mit Lavendel und alten Rosen parfümiert ist, eine Träne vergießt, Sie wissen schon.

Ich sage immer, daß man im Zuge des modernen Fortschritts vorangebracht werden und dennoch eine Träne vergießen kann.

Glauben Sie, daß all dieses Studium des Sexuellen das Ende der Romantik bedeutet?

Es ist ein ernster Gedanke, nicht wahr?

Aber was ich immer sage ist: „Welches dieser Dinge wird das meiste *Gute* in der Welt bewirken?"

Besonders gut für die *Armen!*

Sie wissen, wie sehr mir die Belange der Armen am Herzen liegen.

Ich lege mir das zur Prüfung vor. Ich sage immer zu mir selbst: „Was wird der breiten Masse am meisten Gutes bringen?"

Ich interessiere mich so sehr für die *Massen!*

Wir sollten zweimal darüber nachdenken, bevor wir die Romantik aus ihrem Leben entfernen und sie durch irgendeine Art von Wissenschaft ersetzen.

Denn sie repräsentieren schließlich die Zukunft.

Wir sollten alle an die Zukunft denken!

Das macht die feministische Bewegung zu einer so *wundervollen* Sache – sie bewegt sich schnurgerade in Richtung Zukunft!

Ich denke daran, mich wieder für das Wahlrecht einzusetzen. Ich tat das schon einmal, wissen Sie, aber ich habe mich zurückgezogen.

Die Schärpen und Banner haben eine so schreckliche gelbe Farbe. Deswegen hörte ich auf.

Die Schönheit ist schließlich das Wichtigste. Wozu dienen letztlich alle unsere Reformen, wenn die Welt nicht schöner durch sie werden soll?

Und ich *kann* einfach kein Gelb tragen.

Symbole und Tau-Hüpfen.

Letzte Woche hielt ein reizender Mann uns – unserer kleinen Gruppe fortschrittlicher Denker – einen Vortrag über den ultimativen Symbolismus. Sowohl in der Kunst als auch im Leben.

Es war einfach wundervoll – *wundervoll*!

Die Kunst war früher voller Symbolik.

Aber jetzt, so scheint es, ist die Symbolik aus der Kunst herausgefallen, und die Natur hat sie aufgegriffen.

Seltsam, nicht wahr? Aber nicht wirklich überraschend, wenn man darüber nachdenkt.

Denn, wissen Sie, die Natur versucht immer, mit fortschrittlichen Ideen Schritt zu halten – sie entwickelt sich weiter und zum Übermensch[2] hin.

Und damit natürlich ebenso zum weiblichen Übermensch.

Ich denke, es ist die Pflicht von uns, die wir fortschrittliche Denker sind, der Natur ein würdiges Ideal zu geben, indem wir uns entwickeln.

---

[2] Den Begriff *Übermensch* prägte Nietzsche 1893 in „Also sprach Zarathustra" für sein Ideal eines künftigen Menschen, einer Höherzüchtung der Menschheit zu einer willensstärkeren, geistesmächtigeren und genußfreudigeren Form.

Um der Natur einen Standard zu setzen, wissen Sie. Wozu dient die Evolution, wenn sie sich nicht vorwärts, sondern rückwärts entwickelt?

Und die besten Menschen, denke ich, sollten ein Gefühl der sozialen Verantwortung fühlen und der Evolution ein Vorbild bieten. Jeder sollte ein Symbol sein – darum frage ich mich jetzt jeden Abend vor dem Schlafengehen: „War ich heute ein Symbol? Oder habe ich darin versagt, ein Symbol zu sein?"

Unten am Strand bin ich beinahe ertrunken – Sie wollen doch nicht etwa sagen, Sie hätten nichts davon gehört? Es war gräßlich.

Ich habe stets gehört, daß wenn ein Mensch ertrinkt, er sein gesamtes vergangenes Leben vor sich im Rückblick sieht.

Aber bei mir ist das nicht passiert. Was ich sagte, als ich unterging, war: „War ich ein Symbol? Oder habe ich versagt?"

Und der Rettungsschwimmer, der mich herausholte – er war einfach der schönste aller Männer! – Gebräunte Bronze, wissen Sie, und mit Schultern wie ein griechischer Gott! und mit den wunderbarsten Augen und weißen Zähnen – er fragte mich, der Rettungsschwimmer, „Na, Ma'am?"

Es war furchtbar enttäuschend! Manchmal sind es Jungs von der Hochschule, die nur den Sommer über Leben retten. Aber hätte irgendein Hochschul-Schüler gesagt:

„Na, Ma'am?"

Und dann ging er und rettete ein blondes Wesen in dem skandalösesten Badeanzug, den ich je gesehen habe.

Er rettete einen auf die geschäftsmäßigste Art und Wiese, als ob er ein Kellner wäre, und ging von einem Tisch zum anderen.

Kein Wunder, daß das soziale Gefüge bröckelt, wenn ganz und gar unmögliche Leute wie Lebensretter sich erlauben, wegen solcher Dinge blasiert zu werden!

Die niederen Klassen sind ohnehin sehr entmutigend, meinen Sie nicht? Nach allem, was wir für sie tun, in Bezug auf die Philanthropie und Soziologie, und wie wir sie im allgemeinen erheben!

Natürlich habe ich mein Interesse an der Soziologie nicht verloren – keineswegs. Ich bin immer der Meinung gewesen, daß alle Menschen Brüder sind.

Ich beginne nächste Woche mit dem Tau-Hüpfen. Es ist eine wundervolle neue Nervenkur. Früher war es das Größte, im Morgengrauen barfuß durch den Tau zu laufen.

Aber an diesem neuen Ort habe ich entdeckt, daß sie nicht einfach *laufen* – das kommt ganz außer Mode. Sie hüpfen. Wie Frösche und Kröten, wissen Sie?

Es bringt die Patienten in eine größere Nähe zu den Strömungen der Erde, das Hüpfen, sagt der Arzt. Es ist *wundervoll!*

Er ist so ein reizender Mann, der Doktor – mit geheimnisvollen Augen!

Das Lied des Schnarchens.

Fothergil Finch, Hermines Kamerad, der *vers libre* Poet, drückt sich durch das Leben, gehetzt und von einer bestimmten Angst verfolgt.

„Eines Tages", sagte er zu mir – (Es ist Hermine Boswell, die in dieser Skizze in der ersten Person spricht, und nicht Hermine, die Unvergleichliche.) –

„Eines Tages", sagte Fothergil Finch mir gestern Abend in einem Ton intensiver, bitterer Überzeugung, „eines Tages wird sie mich erwischen! Eines Tages wird sie mich einholen. Die große Bestie, die Popularität, die mich verfolgt! Eines Tages wird sie mich packen und mich reißen und meine Seele verschlingen! Eines Tages werde ich ein berühmter Schriftsteller sein!"

Meiner Meinung nach sind Fothergils Ängste übertrieben; aber für ihn sind sie sehr real. Er stellt sich seine eigene Seele als Flüchtige vor, die immer höher steigt, schneller und schneller rennt, um dieser Bestie zu entkommen. Vielleicht hofft Fothergil heimlich, daß die Geschwindigkeit seiner Flucht eine Verbrennung auslösen wird, und er von den obersten Gipfeln der Kunst in Flammen stehend direkt in den Himmel eingehen wird, um dort als ein wahrer Stern unsterblich zu brennen und zu leuchten. Nun, wir alle haben unsere kleinen Pläne, unsere kleinen Eitelkeiten!

„Fothergil", sagte ich fröhlich, „die Popularität hat dich noch nicht eingeholt. Entspanne dich – vielleicht wird sie das nie."

Wir waren in Fothergils Zimmer in Greenwich Village, wohin ich gegangen war, um zu sehen, wie es mit seinem Gedicht über das Mondlicht voranging. Er schritt zum Fenster. Fothergil ist nicht groß, und er ist leicht sichelfüßig – Fothergils fleischige Zehen symbolisieren die Beine seiner stets flüchtenden Seele – aber er schreitet.

Dichterinnen wogen. Erotische männliche Dichter schlendern. Vagabundierende Dichter schlingern und stolzieren. Fothergil, ein *vers libre* Poet, ein Prophet des Männlichen, ein kleiner Bruder des Kosmischen Drangs[3], wird von seinem Dichten dazu genötigt, Räume zu durchschreiten, als wären es riesige Wüsten, ganz gleich, wie seine Zehen aussehen. Er schritt prunkvoll, triumphierend, zum Fenster, warf den Schirm hoch und betrachtete den formlosen Nebel, der über die Dächer hereinwehte. Der kriechende Nebel mußte ihn an seinen großen, grauen Schrecken erinnert haben, denn augenblicklich wandte er sich schaudernd ab, sank auf ein Sofa und seufzte.

„O Himmel! Popularität! Die Schande dadurch – das Grauen davor! Popularität! Schmach! Wenn sie mich erwischt – wenn es geschieht – "

Er riß eine kleine Phiole aus der Tasche, hielt sie dem Licht entgegen und starrte sie verzweifelt und versunken an.

„Dies habe ich stets dabei!", sagte er. „Es ist mein Mittel zur Flucht. Ich werde nicht überrumpelt werden! Ich trage es stets bei mir. Nachts ist es unter meinem Kopfkissen. Der Tag, an dem es geschieht – in dem Augenblick, in welchem ich mich von der Popularität gepackt fühle – "

Ich nahm seine Hand; in seiner Aufregung hob er das Gift an seine Lippen.

„Was ich nicht verstehen kann, Fothergil", sagte ich, „ist, weshalb ein Dichter des Männlichen, eine Reinkarnation des unzivilisierten Wilden – entschuldige, aber das ist es, was du dieses Jahr bist, oder nicht? – der Angst nachgeben sollte. Ist es nicht viel mutiger, dieser Bestie

---

[3] Der Kosmische Drang ist der Wunsch des Geistes, sich auszudrücken. Dieser Drang manifestiert sich im Mikrokosmos als die Schöpfung des individuellen Lebens und im Makrokosmos als die Erschaffung von Universen und all ihren Bewohnern.

entgegenzutreten und sie zu töten? Gibt es nicht einen gewissen Widerspruch zwischen deinem Beruf und deiner Praxis?"

„Mehr als nur einen Widerspruch", sagte er eifrig. „Es ist mehr als widersprüchlich! Es ist paradox!"

Ich lasse viel aus, was folgte. Wenn Fothergil mit dem Paradoxon beginnt, vergeht die Zeit. Er interessiert sich nie wirklich für Dinge, bis er die paradoxe Qualität in ihnen entdeckt hat. Manchmal denke ich, daß seine Begeisterung über sich selbst darauf zurückzuführen ist, daß er früh im Leben entdeckte, daß er selbst ein Paradoxon war — und manchmal denke ich, daß diese Entdeckung seine Begeisterung für das Paradoxon erklärt.

„Was", sagte Fothergil, „ist die paradoxeste Sache auf der Welt? Das menschliche Schnarchen! Es scheint häßlich — und doch es ist schön! Es scheint eine triviale Funktion des Körpers zu sein und doch ist es der Schlüssel zur Seele — "

„Der Schlüssel zur Seele?"

„Der Mensch schläft", sagte er, „und sein bewußtes Selbst ist im Ruhezustand. Aber sein Unterbewußtsein ist noch wach. Es ist rege. Es hat seine Möglichkeit, sich zu äußern. Das Schnarchen ist die Stimme der Seele! Und nicht nur der Seele des Individuums, sondern der Seele der gesamten Rasse. Alle Erfahrungen des Menschen, in seinem Aufstieg vom Sumpf bis zu seiner jetzigen Höhe, werden im Unterbewußten aufbewahrt — seine Kämpfe, sein Ringen, seine Stürze, seine Genesungen und seine Träume und Alpträume sind rassische Erinnerungen an diese Dinge, Schnarchen ist die Sprache, in der er sie ausdrückt. Interpretiere den Schnarcher, und du hast die psychische Geschichte des menschlichen Aufstiegs des Menschen von Caliban bis hin zu Shakespeare!

Und ich kann es interpretieren! Ich habe eine Million Schnarcher gehört und die Sprache der Seele gelernt!

Nacht für Nacht, jahrelang, habe ich dem menschlichen Schnarchen gelauscht – im Sommer, von der Parkbank zum Strand und wieder zurück hastend; im Winter, die Missionen und Herbergen heimsuchend. Ach Gott! mit welcher Hingabe, mit welcher Leidenschaft des Entdeckers, habe ich den menschlichen Schnarcher verfolgt! Ich bin meilenweit gegangen, um ein Schnarchen zu hören, von dem berichtet wurde, daß es eigentümlich sei; ich habe mir Luxus, Vergnügungen und zuweilen sogar Essen versagt, um widerwillige Personen für mich schnarchen zu lassen! Und ich habe das Epos des Schnarchens in *vers libre* geschrieben. Du sollst das Vorspiel hören!"

Und das ist Fothergils Auftakt:

Schnarch mir ein Lied der Seele, Oh, Schläfer, schnarche!
Pfeife mir, keuche mir, grunze und knurre,
gurgle und schnaube mir einen männlichen Vers!
Schnarche, bis der Kosmos erzittert!

Auf den Flügeln eines Schnarchens
Fliege ich eine Milliarde Jahre zurück
Und ergreife das Mastodon
Und zerreiße es Glied für Glied.
Und mit seinem Oberschenkelknochen prügele ich
Den Dinosaurier zu Tode, denn ich bin ein Mann!

Schnarche! Schnarche! Schnarche!
Schnarche, o kämpfender und unruhiger

Und dich windender
Und leidender und erstickender purpurfarbener Schläfer,
Schnarche!
Schnarche mir den Klang des rohen Kampfes,

Als die Planeten des großen Stiers
In der blutroten Dämmerung der Zeit
Miteinander um die Liebe der kleinen gelbhaarigen Monde
Brüllen und kämpfen,
Schnarche! Schnarche, bis das Chaos mit seinem Stiefel
An die Wände des Kosmos schlägt
Und nach dem Wirt ruft!

Wende, würge, drehe dich und kämpfe, Schläfer,
Und schnarche mir das Lied
Des entstehenden Lebens, niese mich
In ein Universum voller Sternstaub,
Schnarche mich zurück zu den Tagen,
Als ich ein Höhlenmensch war,
Und mit meinen bloßen Händen das Walroß tötete,
Denn ich bin ein Mann!

Schnarche das Todesrasseln des Walrosses,
O kämpfender Schläfer, schnarche! Schnarche mir —

Aber ich war gezwungen zu gehen. Es gibt noch mehr
davon, sagt Fothergil. Wenn Sie Fothergil kennen, wissen
Sie, daß er sich erregt, wenn er seine männlichen Verse
deklamiert; er schwillt körperlich an; manchmal sieht er im
Moment seiner Ausdehnung beinahe fünf Fuß groß aus; all
das ist sehr schlecht für ihn. Mehr als einmal hat die

Deklamation seines Gedichtes „Ich und der Kosmische Drang" ihn zitternd in die Teestube gesandt.

Bevor ich ging, konnte ich ihn etwas beruhigen. Aber mit der Ruhe kam die Reflexion. Und mit der Reflexion kam sein großer grauer Schrecken wieder.

Als ich ging, sah Fothergil aus dem Fenster und schauderte, als könnte sich das Ungeheuer Popularität hinter den benachbarten Schornsteinen verstecken. Seine Hand umklammerte zärtlich die Phiole.

Aber irgendwie bezweifle ich, daß Fothergil jemals gezwungen sein wird, das Gift zu trinken.

Hermine über Moden und Krieg.

Ist der Krieg nicht gräßlich; einfach ganz gräßlich!

Das hat Sherman[4] gesagt.

Obwohl man sagt, daß es auch in diesem Krieg einen wirtschaftliches Aspekt gibt.

Wir haben uns vor nicht allzu langer Zeit mit der Wirtschaft beschäftigt – unsere kleine Gruppe ernsthafter Denker, und haben ihr einen ganzen Abend gewidmet.

Es ist wundervoll; einfach *wundervoll!*

Ohne Wirtschaft könnte es keine Zivilisation geben.

Das ist ein Gedanke, der einen innehalten lassen sollte, nicht wahr?

Natürlich könnte dieser Krieg die Zivilisation völlig zerstören.

Wenn ich dächte, daß dies wahrscheinlich wäre, würde ich sofort an der Friedensdemonstration teilnehmen – oder

---

[4] William Tecumseh Sherman, ein U. S. General aus dem Amerikanischen Sezessionskrieg 1861-1865.

hat sie schon stattgefunden? – der Marsch für den Frieden, wissen Sie! Jedenfalls würde ich, egal was das persönliche Opfer auch sein möchte, mitmachen. Nicht, daß es mich interessiert, im Staub zu marschieren. Und schwarz hat mir nie gestanden. Aber ich nehme an, daß es *einige* Autos geben wird. Und, nun – man muß Opfer bringen. Denn wenn die Zivilisation stirbt, was wird dann aus uns werden?

Werden wir zum Ursprünglichen zurückkehren?

Wird der unzivilisierte Wilde triumphieren?

Die Vorstellung bereitet mir Gänsehaut!

Denn, wissen Sie, der Wilde ist in Ordnung – und der Primitive und all das – als Protest gegen die Dekadenz – und auf *poetische* Weise – wenn aber *alle* Menschen Wilde wären!

Nun also, der Gedanke ist gräßlich; einfach *gräßlich!* Man kann ein Gefühl für nur *einen* Wilden haben, wissen Sie, inmitten der Zivilisation, wohingegen eine *Million* Wilde...

Aber diese Vorstellung ist zu schrecklich für Worte!

Und in dieser Krise ist es die Frau, die die Welt retten muß.

Eine reizende Frau – sie ist wirklich fortschrittlich und hat zauberhafte Kleider – hat unserer kleinen Gruppe ernsthafter Denker vorigen Abend gesagt, daß dies die Zeit ist, in der die Frau die Welt regieren muß.

Es ist die Prüfung der Neuen Frau.

Wenn irgend etwas vor dem Untergang gerettet wird, wird es an ihr liegen.

Sie kann Briefe an die Zeitungen schreiben, gegen den Krieg und – und all diese Dinge, Sie wissen schon. Und wenn Deutsche, Russen und Engländer sich alle zusammentun und Paris erobern, werden sie natürlich nicht die Modistinnen und Boutiqueninhaberinnen töten.

Wissen Sie, die Zivilisation ist doch nicht so leicht zu töten. Rom ist zwar erobert worden, aber all ihre Stile, Philosophien und so weiter wurden von den Medern und Persern, die sie erobert haben, übernommen und sind seitdem in diesen Ländern unverändert geblieben.

Aber in einer Zeit wie dieser ist es beruhigend, eine Sache zu haben, an der man sich festhalten kann.

Egal was passiert, die fortschrittlichen Denker müssen sich zusammenschließen, um ihrer Sache Gehör zu verschaffen.

Und wenn England Frankreich erobern und dort wieder einen König auf den Thron setzen sollte, wird zweifellos eine große Wiederbelebung der Mode stattfinden, wie es in den Tagen Napoleons I. und der Kaiserin Eugénie der Fall war.

Aber wenn nun alle fortschrittlichen Denker der Welt an einem Ort zusammenkommen und in Frieden und Harmonie *denken* könnten – sich im Kreise zusammensetzen, wissen Sie, und psychische Schwingungen über den Ozean senden – wer kann da sagen, wie der Krieg enden wird?

Der Triumph des Geistes über die Materie, verstehen Sie?

Ich werde unserer kleinen Gruppe die Idee vorschlagen und sie an alle anderen kleinen Gruppen weitergeben.

Ich wäre bereit, ihr selbst einen ganzen Abend zu widmen.

Dränge und Hunde.

Gestern Abend hatten wir eine rege Diskussion – unsere kleine Gruppe ernsthafter Denker – ob es Idealismus oder Materialismus war, der die Deutschen in diesen schrecklichen Krieg geführt hatte.

Ist der Idealismus nicht einfach einfach wundervoll!

Fothy Finch sagte, es wäre keines von beiden. Es sei wie der Kosmische Drang, außer daß es durch und durch deutsch ist, erklärte Fothy.

Von Zeit zu Zeit hört man von einem Neuen Drang. Das ist eines der Dinge, die das moderne Denken von den alten Philosophien unterscheiden, meinen Sie nicht?

Natürlich ist der Kosmische Drang nicht mehr das, was er vor ein oder zwei Jahren war.

Es ist – nun – *gewöhnlich* geworden, wenn Sie verstehen, was ich meine. *Jeder* schreibt und redet jetzt darüber.

Ich glaube, er wird bald erlöschen. Und ein Anführer – ein wahrer Vorreiter im Denken – würde heute kaum noch darüber zu reden wagen, ohne zu lächeln. Ich habe es gerade selbst fallengelassen. Es ist mit allem, was exklusiv ist, dasselbe. Es wird bald gewöhnlich.

Wirklich, ich hatte meine weißen Sommerpelze keine drei Wochen getragen, bevor ich so viele Imitationen sah, daß ich sie einfach zur Seite legen *mußte*.

Glauben Sie nicht, daß Leute, die solche Dinge aufgreifen, nachdem die wirklichen Anführer sie fallengelassen haben, es schrecklich an Scharfsinnigkeit fehlen lassen?

Oh, Scharfsinnigkeit! Scharfsinnigkeit! Was wäre der moderne Gedanke ohne Scharfsinnigkeit?

Ich für meinen Teil *hasse* einfach das Offensichtliche. Es ist so — so — nun, so leicht zu durchschauen, wenn Sie verstehen, was ich meine.

Fothy Finch sagte erst kürzlich zu mir: „Ist dir jemals in den Sinn gekommen, Hermine, daß du *keine* offensichtliche Person bist?"

Es ist fast *unheimlich*, wie Fothergil Finch manchmal meine Gedanken lesen kann. Wir sind beide so hellsichtig.

Mama sagte gestern Abend mir: „Du siehst Mr. Finch sehr oft, Hermine. Hältst du es für richtig, ihn zu ermutigen, wenn du nicht vorhast, ihn zu heiraten? Was *sind* deine Absichten in Bezug auf Mr. Finch?"

Ich habe ihr darauf nicht geantwortet — die arme liebe Mama ist so altmodisch!

Aber ich dachte bei mir — Nun, wäre es so *unmöglich*?

Natürlich ist die Ehe eine ernste Sache. Man muß sie von allen Gesichtspunkten aus betrachten, wenn man eine gesellschaftliche Verantwortung hat.

Fothy kann *wunderbar* mit Hunden umgehen. Sie vertrauen ihm instinktiv — er ist einfach *lieb* zu ihnen. Ich habe jetzt ein paar schöne, wissen Sie. Sie sind trächtig, darum lassen sie sich von niemandem außer Fothy baden.

Stimmungen und Mohnblumen.

Wir haben uns gestern Abend gründlich mit der Bhagavad Gita[5] befaßt — unsere kleine Gruppe fortschrittlicher Denker.

Ist die Bhagavad Gita nicht einfach *wundervoll*?

---

[5] Die Bhagavad Gita, verkürzt auch nur Gita, ist eine der zentralen Schriften des Hinduismus. Sie hat die Form eines spirituellen Gedichts.

Sie hat überhaupt nichts mit Bagdad zu tun, wissen Sie – obwohl es auf den ersten Blick so aussieht, als ob das so sein könnte, nicht wahr?

Natürlich sind sie beide orientalisch – sind Sie nicht auch absolut *verrückt* nach orientalischen Dingen? – nein wirklich, sie sind *ganz* verschieden.

In der Bhagavad Gita dreht sich alles um Reinkarnation und Karma und all diese schönen alten Dinge.

Wenn ich meinen Salon eröffne, werde ich einen Bhagavad-Gita-Abend ausrichten – alles in Kostümen.

Ich finde, daß ich, wenn ich mich im Einklang mit dem Thema kleide, es so viel effektiver *ausstrahle*, wenn Sie verstehen, was ich meine.

Fothergil Finch denkt ebenso.

Er schreibt seine besten *vers libre*-Stücke in einem lila Morgenmantel. Es gibt eine bernsteinfarbene Glasscheibe in seinem Atelier-Oberlicht, und er muß sich hinsetzen, warten und warten und warten, bis das Mondlicht durch diese Scheibe auf sein Papier fällt, und dann bleibt es nur lange genug, damit er ein paar Zeilen schreiben kann, und er kann nicht mit dem Gedicht fortfahren, bis es wiederkommt.

Er hat mir letzte Nacht eines gebracht – er hat es für mich geschrieben – ja, wirklich! – und er wartete und wartete auf genug Mondlicht, um es zu vollbringen, und bekam eine schreckliche Erkältung, der arme, liebe Fothy.

Konzentration.

Ist es nicht einfach schrecklich, wie die Balkanländer Venedig bombardieren... all die schönen Dogen und so fort, Sie wissen schon.

Ich nehme an, es wird nichts mehr übrig bleiben, rein gar nichts von der Stadt, über die Byron schrieb, in – in – wo war es? Oh ja, in „Childe Harold kam zum dunklen Turm."

Das ist die eine tröstliche Sache, an die man denken sollte, wenn dieses Land jemals in einen Krieg gerät, nicht wahr? – Ich meine, wir haben schließlich nichts von diesen schönen alten Dingen, die bombardiert werden könnten.

Ich glaube, wenn wir jemals in den Krieg ziehen sollten, würde jemand wie Edison schnell etwas erfinden, und in ein paar Stunden wäre alles vorbei.

Ist die erfinderische Wissenschaft nicht wundervoll! Einfach wundervoll!

Es ist so – so – nun, so *dynamisch*, wenn Sie verstehen, was ich meine. Oder nicht?

Sind Sie nicht absolut vernarrt in dynamische Dinge?

Insbesondere dynamische Persönlichkeiten.

Ich habe mir oft gedacht, daß, wenn ich die Zeit zurückdrehen könnte, ich mich weniger mit Hellsehen und mehr mit Dynamik befassen würde. Aber es gibt eben so viele Dinge, mit denen ein moderner Denker Schritt halten muß, nicht wahr?

Und es ist zwar durchaus leicht, sich auf ein oder zwei Dinge zu konzentrieren, aber oft fällt es mir schrecklich schwer, mich auf zehn oder zwölf verschiedene Dinge gleichzeitig zu konzentrieren.

Und das muß man, wenn man mit dem Allerneuesten im Denken und Leben Schritt halten will.

Konzentration! Konzentration! Das ist der Schlüssel zu allem! Fast jede Nacht, wenn ich mit meinem eigenen Ich alleine bin, gehe ich zur spirituellen Selbstprüfung für eine kleine Weile in mich und frage mich immer wieder: „Habe ich mich heute konzentriert? Wirklich konzentriert? Oder habe ich versagt?"

Ich nenne diese kurzen Pausen meine psychischen Inquisitionen.

In der Eile dieses hektischen Zeitalters muß man Zeit finden, um mit sich selbst allein zu sein, nicht wahr? Fothy Finch hat etwas Wunderschönes über die Eile dieses hektischen Zeitalters geschrieben, wovon ich mir wünsche, daß es jeder über seinen Schreibtisch hängen könnte.

Nun, ich muß jetzt weitermachen. Ich habe eine Außchußsitzung für heute Nachmittag. Ich kann mich absolut nicht daran erinnern, ob es um das Wahlrecht geht – Oh, ja, ich bin marschiert! – oder um irgendeinen Hilfsfonds.

Seelenverwandte.

Ich widme mich diese Woche Bergson. Nächste Woche folgen denn etruskische Vasen und das Montessori-System.

Oh, nein, ich habe mein Interesse an der Soziologie nicht verloren.

Erst gestern Abend setzten wir uns ins Auto und beobachteten die Warteschlange der Armen, die um Brot anstanden.

Natürlich kann man sich mit *zu vielen* Dinge befassen.

Es kommt auf den Geist an, der sich mit etwas befaßt. Manchmal denke ich, daß der Geist, der sich mit etwas befaßt, wichtiger ist als die Sache selbst — wenn man die Sache in ihrer Wirkung auf einen selbst betrachtet, verstehen Sie?

Natürlich besteht der Weg, etwas wirklich zu verstehen, darin, sich in eine aufnahmefähige Haltung zu versetzen.

In ernsten Dingen kommt es auf die Einstellung an. Man darf nicht spotten.

Wenn man es ernsthaft und wissenschaftlich betrachtet, wird man sehen, daß es viel mehr gibt, als man beispielsweise in diesem Affinitäts- und Seelenverwandtschaftswahn vermuten würde.

Nicht daß mir die Worte „Seelenverwandte" und „Affinität" besonders am Herzen lägen; sie sind irgendwie so *gewöhnlich* geworden.

Die wahrhaft klugen Leute verwenden diese Begriffe nicht mehr.

Seelischer Einklang ist der neue Begriff.

Ein reizender Mann hat uns gestern alles darüber erzählt. Ich gehöre zu einer kleinen Gruppe von Denkern, die ernsthaft an diesen Dingen interessiert sind, wie Sie wissen.

Wir versuchen herauszufinden, was wir mit unseren übersinnlichen Kräften zur Verbesserung der Welt beitragen können. Ich bin sehr übersinnlich veranlagt. Manche sind es nicht.

Dieser Mann hatte sehr interessanteste Augen und einen seidenweichen Bart, und er sagte, seine Aura sei rosa.

Sehen Sie — wenn er ein Mädchen mit einer Aura, die exakt die gleiche rosa Farbe hätte wie seine, kennenlernen sollte, dann würden die beiden wissen, daß sie in seelischem Einklang wären.

Das klingt einfach, nicht wahr? Aber sind andererseits nicht alle wirklich großartigen Ideen einfach?

Aber wenn seine Aura blau wäre und ihre Aura gelb, dann würden sie sich natürlich streiten. Das ist der Grund für so viel häuslichen Unfrieden.

Aber er sagte etwas, das mir das schrecklichste Gefühl der Unsicherheit gab.

Er sagte, die Aura *verändere* ihre Farbe, wenn die Seele sich weiterentwickelt.

Zwei Menschen mögen heute miteinander im Einklang sein, und beide haben rosa Auren, und in einem Jahr mag ihre grün und seine golden sein. Welche gefährlichen Risiken eine Frau doch eingeht, indem sie heiratet, nicht wahr?

Ich denke manchmal, daß das Leben eine viel bequemere Sache gewesen sein muß, bevor die Welt so schrecklich fortschrittlich wurde.

Aber es ist natürlich unsere Pflicht, persönlichen Komfort für die Zukunft der Rasse und die Verbesserung der Welt zu opfern.

Als ich auf die Warteschlange der Armen sah, die um Brot anstanden, kam mir der Gedanke, daß der Hauptunterschied zwischen dieser fortschrittlichen Zeit und anderen Zeiten in der Tatsache liegt, daß die Menschen heute bereit sind, sich für solche Dinge einzusetzen.

Die heutigen Menschen sind bereit, sich selbst zu opfern.

Das ist Nahrung für den Optimismus, meinen Sie nicht?

Nicht, daß ich mich im Auto wirklich so unwohl fühlte. Ich hatte meinen neuen Nerzmantel an.

Hermine widmet sich der Literatur.

Wir haben uns in letzter Zeit mit der astrologischen Forschung beschäftigt – unsere kleine Gruppe moderner Denker – und wir haben unsere eigenen persönlichen Sterne ausgewählt.

Aber ist es nicht eine Schande, daß man Sterne nicht *auswechseln* darf? Es ist ziemlich eintönig, denselben Stern sein ganzes Leben zu behalten, meinen Sie nicht?

Aber natürlich, wenn man sich verändert und den Stern eines anderen bekommt, könnte das schrecklich kompliziert sein, oder?

Aber es würde eine bezaubernde kleine Geschichte geben, wenn ein Mädchen ihre Sterne wechseln könnte, wissen Sie, und herausfände, daß ihr neuer Stern einem ziemlich netten jungen Mann gehörte, und natürlich würden sich danach ihre Schicksale vereinen.

Mir fallen die *originellsten* Handlungen für Geschichten ein!

Fothergil Finch hat mir oft gesagt, daß das der Unterschied zwischen Genie und Talent ist. Wenn du Genie hast, weißt du, daß dir solche Dinge einfach einfallen; aber wenn du nur Talent hast, mußt du für sie arbeiten und *arbeiten*.

„Wenn ich nur deine Spontaneität hätte, Hermine!" sagt Fothergil.

Und wirklich, es war für mich nie ein Problem, auf eine Idee zu kommen, obwohl sie natürlich von den Herausgebern etwas überarbeitet werden müßte, bevor sie gedruckt werden könnte.

Fothergil sagte neulich, daß ich mich an der Poesie versuchen sollte.

„Ach, Fothy", sagte ich, „und wenn ich hundert Jahre lang lebte, könnte ich doch nie auch nur zwei Zeilen reimen!"

Aber er sagte, Reimen sei sowieso nicht mehr in Mode, und – man glaubt es kaum – während wir uns unterhielten, habe ich eine Idee für ein Gedicht bekommen und es einfach an Ort und Stelle aus dem Ärmel geschüttelt – ein *vers libre* Gedicht, und es geht folgendermaßen:

Was wird aus Menschen, wenn sie sterben?
Habe ich mich immer gefragt, als ich ein kleines Kind war,
Und auch jetzt, da ich erwachsen bin,
bin ich mir nicht sicher, ob ich es weiß!

„Fothy", sagte ich, „es war so einfach – das macht mir Angst, daß es nicht wirklich gut ist!"

„Ach", sagte er, „diese Bescheidenheit *beweist*, daß du ein Genie bist! Himmel, was würde ich nicht geben für deine Spontaneität, deine Bescheidenheit, deine Spontaneität ..." Aber ich unterbrach ihn. Mir war eine andere Idee gekommen – einfach so, und – man glaubt es kaum – ich schüttelte noch ein Gedicht aus dem Ärmel, an Ort und Stelle! Es ging folgendermaßen:

Ich sehe den Regen fallen.
Es macht dem Regen keine Mühe zu fallen.
Warum macht es ihm keine Mühe?
Weil er spontan fällt!
O Spontaneität! Spontaneität!
Regen ist Genie,
Genie ist Regen!
Falle, falle, Regen!

Fothy wird sie drucken lassen – er kennt eine Menge *vers libre*-Verleger – wenn Papa nur das Geld aufbringt. Und eine nette Sache vom armen lieben Papa ist, daß er es immer aufbringen wird.

In dieser Nacht schrieb ich also zwanzig oder dreißig weitere davon, und sie waren *alle* gut – *alle* genialen Werke – sie fielen mir *alle* einfach zu, genau wie die ersten!

Der letzte fiel mir ein, gerade als ich ins Bett ging. Ich schaute aus dem Fenster und sah den Mond, lief, griff mir einen Stift und schrieb:

Ich sehe den Mond durch das Fenster.
Ich frage mich, was er von mir denkt?
Wären nicht der Mond und ich beide überrascht
Wenn wir merkten, daß keiner von uns
Überhaupt etwas über den anderen dächte?

Das Buch wird ein Pergamentband sein, und all das. Ich werde ein zum Einband passendes Kleid haben und ein Fest geben, wenn es erscheint.

Das Schlimmste daran, ein Literat zu sein, ist, daß man sich für die Gabe so sehr *verantwortlich* fühlt, wenn Sie verstehen, was ich meine.

Die Welt wird besser.

Dr. Jagades Chunder Bose sagt, daß Pflanzen beinahe so empfindsam sind wie Menschen – sie haben Gefühle und Empfindlichkeiten, und all diese Dinge.

Ist es nicht wunderbar, wie die Hindus diese Dinge herausfinden?

Die Seele, die mit der Seele spricht, nehme ich an.

Aber ich konnte kaum mehr genußvoll essen, seit ich es gelesen habe.

Jedes Mal, wenn ich mich zu einem Salat hinsetze, fühle ich mich wie ein Kannibale!

Ganz davon zu schweigen, daß ich gerade dabei war, Vegetarier zu werden!

Ich nehme an, um auf der sicheren Seite zu sein, sollte man nichts als Mineralien essen.

Aber natürlich müssen fortschrittliche Denker sich ernsthaft der Thematik annehmen und einen Ausweg finden – eines Tages werden wir zweifellos von Aromen und Elektrizität leben.

Denken Sie nicht, daß die Welt freundlicher wird? Vor hundert Jahren hätte sich zum Beispiel niemand darum gekümmert, ob Pflanzen Schmerzen haben oder nicht – die Menschen hätten keinen zweiten Gedanken daran vergeudet.

Und jetzt, obwohl sie sie weiter essen müssen, bis etwas anderes erfunden ist, werden sie es mit einem Schaudern tun und werden sie kaum mehr genießen. Die Welt verliert viel von ihrer Grausamkeit und Gedankenlosigkeit. Nach oben! Weiter! ist die Parole.

Wie finden Sie meinen neuen Mantel? Der Pelz stammt von ungeborenen Lämmern, wissen Sie. Ist er nicht herrlich!

Krieg und Kunst.

Dieser Krieg wird einen gewaltigen Einfluß auf die Kunst haben – sie beleben und sie *real* machen, und all das. Tatsächlich macht er das schon. Wir haben uns gestern Abend des Krieges – unsere kleine Gruppe fortschrittlicher Denker – in einer sehr ernsten Weise angenommen und ihn in allen seinen Aspekten gründlich durchdacht, und wir sind zu dem Schluß gekommen, daß er mehr Seele in die Kunst bringen würde.

Und in das Leben auch.

Schon jetzt können Sie in allen Bereichen sehen, wie viel ernsthaften Sinn er in Leben bringt, die vorher nur trivial waren. Selbst die arme, liebe Mama – und wirklich, eine trivialere Person als Mama wäre schwer vorstellbar! - strickt Socken.

Sie wird sie zu den Polen schicken. Sie wollte sie zu den Belgiern schicken.

Aber ich sagte zu ihr: „Also wirklich, Mama, du bist nie auf dem Laufenden! Weißt du nicht, daß die Belgier ausziehen und die Polen einmarschieren?"

Und, wissen Sie, es ist schon Monate her, seit wirklich kluge Leute für die Belgier gestrickt haben. Die Polen sind jetzt *ziemlich* modern.

Es ist seltsam, wie großartige Bewegungen von Berggipfel zu Berggipfel solcher Nützlichkeit weiter und weiter gehen, nicht wahr? – sie ändern ihre Richtung hin und wieder, wie die Evolution selbst, aber sie schreiten immer voran und voran!

Das ist eine wunderbare Sache an der Evolution – es geht *immer* voran.

Wenn man darüber nachdenkt, kommt man immer mehr zu der Überzeugung, daß die Menschheit der Evolution viel zu verdanken hat, nicht wahr?

Was hätten wir ohne sie machen können?

Es ist so, wie jemand einmal über etwas anderes gesagt hat – wenn wir es nicht gehabt hätten, wäre es notwendig gewesen, es zu erfinden – obwohl ich mich absolut nicht erinnern kann, wer es war oder worüber er sprach. Wobei es wahrscheinlich Madame de Staël war. Wir widmeten uns ihr einmal und es stellte sich heraus, daß sie eine höchst überraschende Anzahl solcher Dinge gesagt hatte – Sie wissen schon, Dinge, die man gut zitieren könnte, wenn man sich nur an sie erinnern würde.

Ist das Gedächtnis nicht eine wunderbare Einrichtung!

Ich wollte meines immer systematisch und wissenschaftlich entwickeln.

Aber ich habe es nie getan, weil ich immer vergesse, ob ich den Leuten aus dem Buchladen bestellen sollte, ein Werk über Numismatik oder eines über Gedächtnistraining nach Hause zu schicken. Bei dem einen geht es um Geld, und bei dem anderen geht es um das Gedächtnis. Und als ich einmal einkaufen war und dachte, ich hätte es richtig gemacht, stellte sich heraus – das Buch tat es, als ich es nach Hause brachte – daß es darin um Luft und solche Dinge ging. Pneumatik, Sie verstehen! War das nicht vollkommen lächerlich?

Aber natürlich lernt man durch seine Fehler.

Haben Sie den lieben Nijinsky[6] gesehen?

Wir diskutierten ihn gestern Abend – unsere kleine Gruppe – und entschieden, daß er, obwohl er mehr Persönlichkeit hat als Mordkin[7], doch mit weniger Temperament ausgestattet ist, wenn Sie verstehen, was ich meine.

Eines der Mädchen sagte: „Mordkin ist exotischer, aber Nijinsky ist esoterischer."

---

[6] Vaslav Nijinsky war ein polnischstämmiger russischer Balletttänzer und Choreograf. Seine Zeitgenossen, die ihn tanzen sahen, waren von seiner Verwandlungsfähigkeit, seiner Virtuosität, seiner Grazie und Sprungtechnik beeindruckt.

[7] Mikhail Mordkin trat Diaghilevs Ballett 1909 als führender Tänzer bei. Nach der ersten Saison blieb er in Paris, um mit Pavlova zu tanzen. Er gründete dann seine eigene Truppe, das ‚All Star Imperial Russian Ballet', das 1911 und 1912 durch Amerika tourte.

Und ein anderes sagte: „Einer der beiden zeigt Intellekt, der offensichtlich mit Geist vermischt ist, aber der andere zeigt Geist, der auf geheimnisvolle Weise mit Intellekt vermischt ist."

Fothergil Finch sagte: „Sie sind sich in ihren Unterschieden ähnlich, unterscheiden sich aber subtil in ihren Ähnlichkeiten, *n'est-ce pas?*"

Fothy hat eine einfach entzückende Fähigkeit, eine Sache in einem solchen Satz zusammenzufassen, aber es macht ihn sehr eitel, wenn man ihn merken läßt, daß man so denkt; deswegen verwies ich ihn an seinen Platz und schloß die Diskussion mit einer Bemerkung ab:

„Es ist alles", sagte ich, „es ist *alles* eine Frage der Interpretation."

Und ganz ernsthaft, wenn Sie darüber nachdenken, ist es das normalerweise auch, nicht wahr?

Ein spiritueller Dialog.

Letzte Nacht traf ich Hermine,
Und eifrig sagte sie zu mir:
„Gedanken von überall aus der Umgebung
Elektrisieren unsere weltliche Luft."

„Meine Seele", sagte ich, „ergreift solche Andeutungen,
Wie Butter, ob in Portionen oder ganzen Stücken,
Ganz unbewußt kleine Strähnen
Wehenden, goldenen Haars empfängt und hält.
Aber haben Sie nachgedacht, o holde Jungfrau,
Oh, haben Sie gründlich nachgedacht
Über die bewußte Seele von Krähen?

Oder warum der Malaysier, wenn er verliebt ist
Gummiohrringe auf seinen Zehen trägt?"

Die Dame schüttelte ihren schönen Kopf –
Er war göttlich frisiert – und sie sagte:
„Haben Sie darüber nachgedacht,
Welchen Anteil der Urinstinkt an der Kunst hat?
Es ist einfach wunderbar, wie alte Dinge
Von Tag zu Tag neu entstehen!"

„Das stimmt", sagte ich, „ich äffe oft
Den Affen nach, um meine Kunst in Form zu bringen –
Und indem der Affenartige stark wird,
Erschaffe ich, siehe, noch ein Kunstwerk!"

„Vielleicht", sagte sie, „strahlt eben jetzt,
Jenseits der Dunkelheit, angetrieben
Vom Kosmischen Drang, das Licht in hellen Wellen,
Um den Sklaven den Weg weisen!"

„Der Gedanke", sagte ich, „ist erheiternd – aber
Diese Swamis *werden* Betelnuß kauen!"

„Ach!", sagte sie: „ach! zu wahr!
Aber ach! es ist wundervoll mit Ihnen
Mitzufühlen und zu verstehen –
(Sie winkte mit einer juwelenbesetzten Hand) –
„Die Freude, verstanden zu werden!"

„Unser Gespräch", sagte ich, „hat mir gut getan."

Werden die oberen Klassen
den Übermensch gesellschaftlich empfangen?

Wir haben uns kürzlich dem Metabolismus[8] gewidmet — unsere kleine Gruppe ernsthafter Denker — und er ist wundervoll, einfach *wundervoll!*

Ich weiß wirklich nicht, wie ich so viele Jahre ohne ihn auskommen konnte — er eröffnet solche neuen Perspektiven, nicht wahr?

Ich kann über die trivialsten Dinge nie wieder denken wie zuvor, seit ich alles über Protoplasma[9] und — und — nun, all diese wunderbaren wissenschaftlichen Dinge gelernt habe, verstehen Sie.

Ist die Wissenschaft nicht *entzückend!*

Da ist zum Beispiel der Kosmos. Es war schon immer da gewesen, verstehen Sie. Aber niemand wußte viel darüber, bis die Wissenschaftler ihn ernstlich untersuchten.

Und jetzt habe ich das Gefühl, ich könnte nicht länger ohne ihn auskommen!

Natürlich fühlt man auch seine Verpflichtung ihm gegenüber, und das ist manchmal ziemlich anstrengend, sofern man nicht ein wirklich aufrichtiges Wesen hat und bereit ist, Opfer zu bringen.

Wenn der Kosmos verbessert werden soll, was kann ihn dann verbessern außer Evolution?

Und solange wir, die wir ernsthafte Denker sind, der Evolution kein Ziel geben, das es zu erreichen gilt, wie

---

[8] Metabolismus (aus griechisch μεταβολισμός [metabolismós], wörtlich „Umwandlung" oder „Veränderung" ist in Medizin und Biologie ein Fachwort für den Stoffwechsel.

[9] Die lebendige Substanz in allen Zellen, in der sich Stoffwechsel und Energieaustausch abspielen.

können wir dann sicher sein, daß die Evolution sich in die richtige Richtung entwickeln wird?

Ich habe mich zuweilen über den Übermensch halb zu Tode gesorgt!

Wissen Sie, in gewisser Weise fühle ich mich persönlich dafür verantwortlich, wie er sein wird, wenn er hierher kommt. Wenn er nicht das ist, was er sein sollte, wird es die Schuld derer unter uns sein, die heute die Vordenker sind – er wird so sein, weil wir ihn nicht richtig gedacht haben.

Mama – die arme liebe Mama ist so rückschrittlich, wissen Sie! - glaubt, daß, wenn der Übermensch hier ankommt, er überhaupt nicht die Art von Person sein wird, mit der man gesellschaftlich verkehren wollen würde.

„Hermine", sagte sie erst kürzlich zu mir, „kein Übermensch wird *jemals* in mein Haus kommen!"

Sie hat einige meiner Freunde über den Übermensch und über Vererbungslehre sprechen gehört, und sie ist davon überzeugt, daß er fürchterlich unpassend sein wird.

„Ich halte den Übermensch für einen *gefährlichen* Einfluß im Leben einer jungen Frau", sagte Mama.

„Mama", sagte ich ihr, „du bist *gräßlich* altmodisch! Zweifellos wird der Übermensch, wenn er kommt, von den besten Leuten empfangen werden. Anarchisten und Sozialisten gehen jetzt überall hin und kleiden sich genau wie andere Leute, und man kann es ihnen kaum ansehen, und genauso wird es mit dem Übermenschen sein."

Was Mama fehlt, sind Kontakte. Kontakt mit – mit – nun, ihr fehlen Kontakte, wenn Sie verstehen, was ich meine.

So viele der älteren Generation *haben* keine Kontakte, finden Sie nicht?

Natürlich wäre es sehr schwierig, Kontakte und gesellschaftlichen Stand gleichzeitig zu haben.

Und wenn man zwischen Kontakten und dem Stand wählen muß, könnte die Wahl einen zuweilen in Verlegenheit bringen.

Natürlich ist es sinnlos, zu viel über solche Dinge nachzudenken. Intuition gelingt oft dort, wo der Verstand versagt, besonders wenn man insgesamt übersinnlich veranlagt ist.

Nun, ich muß gehen. Ich muß mich beeilen, zu meinem Schneider zu kommen.

Ich habe mir ein besonderes Kostüm anfertigen lassen. Wir haben uns wieder dem Spiritismus gewidmet – unsere kleine Gruppe, wissen Sie. Und ich werde eine Geistersoirée geben, und natürlich wird dies viel Verkleiden und Arrangieren und Dekoration erfordern.

Papa sagt, es wird ein Geistertanz sein, aber er ist manchmal furchtbar leichtfertig und respektlos.

Finden Sie Leichtfertigkeit nicht auch einfach *gräßlich?*

Die parasitäre Frau muß verschwinden!

Die parasitäre Frau muß verschwinden! Unsere kleine Gruppe ernsthafter Denker hat sich letzte Nacht recht gründlich der parasitären Frau angenommen. Eine der interessantesten Frauen, die man je gehört hat, hat uns ein wenig über die parasitäre Frau erzählt.

Und wir entschieden, daß die parasitäre Frau nichts zur nächsten Generation beitragen kann.

Oh, diese parasitären Frauen! Es bringt einfach mein Blut zum Sieden, von ihnen zu hören! Ich weiß nicht, wann ich je so empört war!

Während die Welt so voller Arbeit für die Sache – für all die Sachen – ist, sitzen sie einfach selbstsüchtig zu Hause umgeben von ihren Familien oder Kindern, wenn sie verheiratet sind und tun überhaupt gar nichts für die Weiterentwicklung ihres Ichs und die Entwicklung der Rasse, und die bewußte Führung der nächsten Generation, oder sonst irgend etwas dieser Art.

Gott sei's gedankt, daß ich niemals eine parasitäre Frau sein könnte!

Und doch habe ich auch *Mitleid* mit ihnen. Ich denke ernsthaft darüber nach, eine eigene Mission zu gründen, um die parasitären Frauen unter meinen Bekannten anzusprechen und zu reformieren.

Natürlich wird es Organisation brauchen, und das bedeutet, daß ich Geld benötige, um es zu beginnen und weiterzumachen.

Aber Papa wird mir das Geld bestimmt geben. Das ist eine Sache mit dem armen, lieben Papa – er versteht die neuen Bewegungen überhaupt nicht, aber er *wird* mir Geld geben. Und er fragt nie, was ich damit mache.

Hin und wieder schimpft er natürlich ein bißchen – er erzählte mir neulich, daß ich ihn fast so viel wie ein Krieg koste. Aber ich kann ihn immer aufheitern, wenn er so ist. Männer sind so leicht zu lenken und zu umschmeicheln. Ich nehme an, daß meine Mission auch *sehr* viel Geld kosten wird. Aber es ist meine *Pflicht*, und ich bin bereit, *jedes* Opfer zu bringen – wir modernen Denker sind es gewohnt, Opfer für unsere Sache zu bringen!

Und es ist eine Menge Opfer wert, die parasitäre Frau zu einem erwachten und erleuchteten Mitglied der Gesellschaft zu machen, unabhängig vom künstlichen System, das sie so lange gefesselt hat.

Was ist edler als Emanzipation?

Natürlich muß ich einen Sekretär haben. Und es wird wahrscheinlich einiges an Geld kosten, einen zu bekommen, der speziell dafür ausgebildet ist, die Mission zu organisieren.

Aber Papa kann es sich leisten.

Und ich denke, ich brauche einen *männlichen* Sekretär. Einen, der gesellschaftlich recht präsentabel ist, Sie verstehen. Denn der Sekretär wird sich um viele Details kümmern müssen. Ich werde einige Teegesellschaften und Unterhaltungen und so weiter geben, einfach um das Interesse der parasitären Frauen, die ich kenne, zu gewinnen.

Und es gibt nichts Besseres als die richtige Art von Mann, um Frauen dazu zu bringen, in irgendeiner Sache zu kooperieren, die auf die Freiheit der Frau abzielt.

Und ich glaube sogar, *zwei* Sekretäre wären besser. Und sie müssen Männer sein, die auch die neuen Tänze gut tanzen können. Das zeigt heutzutage eine gute Wirkung, Mädchen dazu zu bringen, irgendwohin zu kommen.

Ich glaube, daß ich meine Berufung gefunden habe! Die eigene Berufung liegt stets in der eigenen Hand, wenn man sie nur sehen kann. Und meine ist es, die parasitären Frauen, die ich kenne, vor sich selbst und ihrer Leichtfertigkeit zu bewahren.

Ich werde noch heute Abend den ersten Scheck aus Papa herausleiern! Es kann etwas Arbeit und Herumalbern kosten, aber – nun, Papa ist *einfach* zu handhaben!

Das schöne Haus.

Wir verschönern das Haus — unsere kleine Gruppe ernsthafter Denker — denn wir sind zu dem Schluß gekommen, daß die Umwelt mehr Einfluß auf die Persönlichkeit hat als die Vererbung.

Die Innendekoration ist die größte Kunst — meinen Sie nicht? —, weil sie den richtigen Rahmen für den Geist liefert.

Eine reizende Frau hat gestern Abend einen Vortrag über Innendekoration gehalten — sie trägt diese schlanken griechischen Sachen, mit Strohsandalen, wenn das Wetter es zuläßt — und ich gab ihr den Auftrag, das Haus zu verschönern.

Aber es ergab sich sogleich ein Problem — ob ich das Haus meiner Persönlichkeit angleichen lassen wollte, oder ob ich es so umwandeln lassen wollte, daß es zu der Richtung paßt, in die ich meine Persönlichkeit entwickeln möchte, damit die Umgebung der Evolution helfen könnte.

Der moderne Gedanke verkompliziert das Leben immens, nicht wahr?

Aber ich habe immer das Gefühl, daß es meine Pflicht ist, mich diesen Problemen zu stellen.

Jemand muß der Evolution bei ihrer Entfaltung helfen. Jemand muß selbstlos genug sein, dem Kosmos neue Richtungen zu weisen, in die er sich entwickeln kann.

Und wer außer den ernsthaften Denkern ist bereit, sich selbst zu opfern?

Nun, wir haben uns schließlich entschieden, jedes Zimmer im Haus anders zu gestalten — jedes für eine bestimmte Stimmung, wissen Sie.

Es gibt jetzt einen Raum, den ich „Bestrebung" nenne, wo ich meine kleinen spirituellen Prüfungen absolviere.

Und der nächste Raum dahinter heißt „Entschlossenheit".

Und dann gibt es ein Zimmer, das ich „Brüderliche Liebe" nenne, wo ich darüber nachdenke, wie ich den Massen helfen kann.

Denn natürlich habe ich mein Interesse an soziologischen Problemen nicht verloren.

Tatsächlich habe ich ein paar neue Kleider anfertigen lassen – einfache, schlicht aussehende Sachen, wissen Sie – allein zu dem Zweck, die ganz Armen zu besuchen und ihnen Fragen über sie zu stellen.

Obwohl ich einräumen muß, daß, seitdem die Hilfe für die Leidenden des Krieges populär geworden ist, der freundliche Besuch eher außer Mode gekommen ist.

Mama ist so sehr viktorianisch.

Wir haben uns kürzlich dem Hedonismus[10] gewidmet – unsere kleine Gruppe moderner Denker – und er ist wundervoll, einfach *wundervoll!*

Aber Mama – die arme liebe Mama – ist so hoffnungslos altmodisch, daß sie eine völlig falsche Vorstellung davon hat.

„Hermine", sagte sie gestern Abend, nach dem kleinen Gespräch, zu mir, „*als was* bezeichnete sich der Vortragende selbst?"

„Er ist ein Hedonist", sagte ich.

---

[10] Eine Lebensanschauung, nach welcher allein das Vergnügen in Form von körperlicher und geistiger Lust erfüllend ist und glücklich macht.

„Tatsächlich!" sagte sie: „Und welche Art von moderner Unangemessenheit ist Hedonismus? Hat es etwas mit Sexualität zu tun, oder mit etwas Übersinnlichem?"

Ich konnte einfach nicht sprechen.

Ich sah sie nur an und verließ den Raum. Es ist absolut nutzlos zu versuchen, Mama etwas zu erklären.

Sie ist so sehr viktorianisch!

Und dieser Viktorianismus ist ziemlich außer Mode geraten. Ja wirklich. Ein reizender Mann hielt uns kürzlich einen Vortrag über den Viktorianismus, und als er fertig war, gab es keinen unter uns, der nicht seine Tennysons und Ruskins versteckt hätte.

Obwohl ich „Komm in den Garten, Maud" *immer* mögen werde.

Aber er hat es mit so viel *Humor* getan. Ist ein Sinn für Humor nicht eine absolut *wundervolle* Sache?

Ein Sinn für Humor ist ein Gefühl des Maßstabs, wissen Sie – er hat das so geschickt ausgeführt, der Anti-Viktorianer.

Obwohl so viele Leute, die einen Sinn für Humor haben, so – so, nun, so *merkwürdig* sind, wenn Sie verstehen, was ich meine. Das heißt, wenn man weiß, daß sie einen haben, beobachtet man sie natürlich dahingehend, daß sie humorvolle Dinge sagen; und sie sagen immer wieder die Art von Dingen, die einen verwirren, weil man diese Dinge vorher noch nie auf diese Art gehört hat, und wenn man dann lacht, sind sie so geschickt, so zu tun, als ob man an der *falschen* Stelle lachen würde!

Und man wagt es nicht, *nicht* zu lachen, oder? Es ist manchmal wirklich ziemlich ungerecht und unfreundlich! Meinen Sie nicht?

Wir haben uns einen Winter lang einem Band über die Analyse des Humors gewidmet – unsere kleine Gruppe ernsthafter Denker – und lasen ihn vollständig durch, und bevor der Winter um war, war es soweit, daß keiner von uns wagte, nicht über alles, was ein anderer gesagt hat, zu lachen, und – nun, ehe es Frühling war, wurde es ziemlich gräßlich. Denn selbst wenn jemand wissen wollte, ob jemand einen Regenschirm brauchte, lachte irgend jemand. Nun, ich muß jetzt gehen. Ich habe heute um drei Uhr eine Ausschußsitzung. Wir gehen zu diesem eintägigen Frauenstreik, unsere kleine Gruppe.

Voke Easeley und seine abstrakte Kunst

Was meine Bekanntschaft mit Voke Easeley betrifft – (Jetzt spricht Hermines Berichterstatter, und nicht Hermine selbst.) –

Was meine Bekanntschaft mit Voke Easeley und seiner abstrakten Kunst betrifft – die verdanke ich Fothergil Finch.

Fothergil ist eine Art Spürhund. Er huscht witternd in der Stadt herum, immer auf der Suche nach etwas Besonderem und Kaviar. Er ist gut ausgebildet und tötet nie selbst, was er fängt; er bringt es zu Hermine; und nachdem Hermine es satt hat, kann ich damit tun, was mir beliebt.

Das auf einen flüchtigen Blick Bemerkenswerteste an Voke Easeley ist sein Adamsapfel. Es ist nicht nur der größte Adamsapfel, den ich jemals gesehen habe, und der am härtesten aussehende und aktivste, sondern auch der intelligenteste. Voke Easeleys Gesicht ist sehr nichtssagend. Seine Augen sind klein, ausdruckslos und grün. Sein Mund, obwohl groß, läßt es an Konturen fehlen. Seine

Nase ist in der Tat groß; aber sie ist langweilig; es ist eine zahme Nase; man spürt darin nicht mehr Charakter als in einer künstlichen Nase. Sein Kinn und seine Stirn ziehen sich unrühmlich aus dem Kampf des Lebens zurück.

Aber die ganze Persönlichkeit, die aus seine Augen sprechen sollten, all die Kraft, die seine Nase darstellen sollte, all die temperamentvollen Eigenschaften, die sich um seinen Mund und sein Kinn zeigen sollten, all das Genie, das seine Stirn erleuchten sollte – diese wohnen seinem Adamsapfel inne. Der Mann ist völlig auf dieses Merkmal getrimmt; seine Stimmungen, seine Gefühle, seine Gedanken, seine Leidenschaften, seine Begierden, seine Überzeugungen, seine Zweifel, seine Hoffnungen, seine Ängste, seine Entschlüsse, seine Verzweiflung, seine Niederlagen, seine Begeisterung – all das drückt sich subtil in den außerordentlichen Bewegungen dieses ungewöhnlichen Adamsapfels aus.

Als ich ihn das erste Mal in Aktion sah, verstand ich nicht sofort. Er stand steif aufgerichtet in der Mitte von Hermines Salon, umgeben von den ernsthaften Denkern, mit zurückgeworfenem Kopf und nach vorn gerecktem Adamsapfel, und gab eine Reihe seltsamer Geräusche von sich. Neben ihm stand eine sehr schlanke Dame, ganz in Apfelgrün gekleidet, mit einem langen grünen Zauberstab in der Hand, und am Ende des Zauberstabs befand sich eine künstliche Apfelblüte. Sie wedelte damit ruckartig vor Voke Easeleys Augen, und sein Adamsapfel bewegte sich im Einklang mit den Bewegungen des Zauberstabs, und aus seinem Mund kamen die wilden Geräusche als Antwort darauf.

Bald wurde mir klar, daß sie ihn dirigierte, als wäre er ein Orchester. Aber ich verstand es immer noch nicht.

Denn es waren keine Worte, es war nichts so Artikuliertes wie Sprache, was Voke Easeley sprach. Und für mein Ohr schien es auch kein Gesang zu sein. Und doch, als ich zuhörte, begann ich zu sehen, daß ein wilder Rhythmus die Äußerungen durchdrang; der Adamsapfel sprang, tanzte, schwang herum, zuckte, hüpfte, glitt und schnellte mit einer gewissen groben, barbarischen Weise im Einklang mit dem Takt; die Laute selbst waren alle Dissonanzen, jedoch vorsätzliche; Dissonanzen, die sich gegenseitig an der Hand nahmen und gemeinsam ihren brutalen Weg gingen, indem sie auf einen fernen Punkt zustampften.

Ich führte Fothergil in einen Winkel.

„Was ist das?", flüsterte ich. Bei einem von Hermines Seelenkämpfen ist es immer gut, ein Stichwort zu bekommen, bevor das Gespräch offiziell beginnt. Wenn man nicht weiß, worüber geredet werden wird, bevor das Gespräch beginnt, besteht die Chance, daß man nie von dem Gespräch selbst erfahren wird.

„Abstrakte Kunst!", sagte Fothergil. Und dann führte er mich in die Halle und erklärte es mir.

Was Gertrude Stein für die Prosa getan hat, was die wilderen *vers libre*-Barden für die Poesie tun, was die Kubisten und Futuristen für die Malerei und Bildhauerei tun, das tut Voke Easeley für die Vokalmusik.

„Er malt soeben Tonportraits mit seinem Kehlkopf", sagte Fothergil. „Und das Schöne daran ist, daß er ganz und gar unmusikalisch ist! Er weiß absolut gar nichts über Musik. Er versuchte jahrelang, sie zu erlernen und konnte es nicht. Er merkt, daß man einen Akkord auf dem Klavier anschlägt, nur deswegen, weil er Akkorde nicht ganz so sehr mag wie Dissonanzen. Er ist mit seiner Sprache direkt zurück zu dem Hund gegangen, dem Wolf, dem Höhlenmenschen, dem Tiger, dem Bären, dem Wind, dem Felsrutsch, dem Donner und dem Erdbeben. Er interpretiert das Leben mit den Lauten der Natur, die fast immer disharmonisch sind, aber er hat zu den Akkorden Verstand hinzugefügt und sie dazu gebracht, alle Stimmungen der menschlichen Seele zu erzählen!"

„Und die Dame in Grün?"

„Das ist seine Frau — er kann ohne sie nichts tun. Zwischen ihnen herrscht die vollkommenste seelische Übereinstimmung. Es ist schön! Schön!"

Als wir zurückkamen, verkündete die Dame in Grün:

„Die nächste Auswahl ist eine Voke Easeley-Darstellung der Seele Wagners, wie dieser den Sonnenaufgang vom Gipfel der Jungfrau aus betrachtet."

Der Zauberstab winkte; der Adamsapfel sprang, und fort waren sie. Was folgte, kann nicht in Worten wiedergegeben werden. Aber wenn eine Katze ein Sägewerk wäre und ein Hund ein gigantischer Wagen voller Blechdosen, der durch eine gepflasterte Straße hüpfte, und dieser Hund und diese Katze sich gegenseitig haßten und es einander sagten, würde es sich sehr ähnlich anhören.

Es wurde gut aufgenommen. Außer von Ravenswood Wimble. Er muß immer etwas Kritisches äußern.

„Der Gipfel der Jungfrau!", murrte er. „Pah! Es war der Mont Blanc! Es war ganz wunderbar und subtil der Mont Blanc! Aber die Jungfrau - niemals!"

„Hermine", sagte ich, „was hältst du von der Abstrakten Kunst?"

„Sie ist wundervoll!", seufzte sie, „einfach wundervoll! So esoterisch, und doch so einfach! Aber es gibt eine Sache, über die ich mit Mrs. Voke Easeley sprechen werde — eine Verbesserung, die ich vorschlagen werde. Seine Ohren —

finden Sie nicht, daß sie zu groß sind? Oder zumindest zu rot für ihre Größe? Sie fallen zu sehr ins Auge, und lenken dadurch von der Wirkung ab. Bevor er wieder hier singt, werde ich Mrs. Easeley sie ein wenig einkürzen lassen.“

Hermine über die Oberflächlichkeit.

Sind Sie nicht ganz verrückt nach moralischer Erbauung? Die Moral kommt jetzt in jeden Lebensbereich und man *muß* einfach damit Schritt halten, um sich heutzutage intelligent zu unterhalten.

Nicht daß man in gemischter Gesellschaft allzu frei darüber reden könnte.

Es gibt eine gräßliche Menge moralischer Themen, über die man im Allgemeinen nicht sprechen kann, nicht wahr? Vererbungslehre und Sexualwissenschaft und all diese Spiele und Bücher mit einem moralischen Zweck, Sie wissen schon.

Natürlich reden viele Leute *wirklich* allgemein über sie. Ich habe es selbst eine ganze Weile getan. Und dann haben ein anderes Mädchen und ich ein paar Bücher bekommen und studiert, wovon die Themen, von denen wir gesprochen haben, wirklich handeln und es hat uns fürchterlich erschüttert!

Mama hat versucht, mich dazu zu bringen, die moralische Erbauung ganz aufzugeben, aber man muß einfach darüber reden, sonst ist man völlig veraltet.

Natürlich hängt die ganze Sache davon ab, ob man ein ernsthafter Denker ist – wenn man aufrichtig ist, *wirklich* aufrichtig, kann man alles aufnehmen und etwas Gutes herausholen.

Ein reizender Mann hat letzten Abend mit uns gesprochen — mit unserer kleinen Gruppe fortschrittlicher Denker.

Er sagte, der Fluch der Zeit und des Landes sei die Oberflächlichkeit. Die Leute haben einfach keinen Tiefgang.

Ich habe bemerkt, daß mein Ego und ich ihm zustimmen. Wenn man Dinge aufgreift und ein ernsthaftes Interesse an ihnen zeigt, darf man sich nicht auf ein paar Abschnitte beschränken.

Man muß offen sein. Man muß gründlich sein. Man muß das ganze Themengebiet abdecken.

Unsere kleine Gruppe hat diesen Winter versucht, das zu tun. Bis jetzt haben wir Bergson, den Sozialismus, Psychologie, Rabindranath Tagore, die Bedeutung der Wohlfahrtsarbeit, die Wissenschaft der Kochkunst, die neuen Bewegungen in der Kunst und noch viel mehr Dinge, an die ich mich jetzt nicht erinnern kann, aufgegriffen.

Für den Rest der Fastenzeit werden wir uns des Kosmischen Bewußtseins annehmen.

Eines der Mädchen dachte, daß es eine schöne Sache wäre, das während der Fastenzeit zu tun – eine leise Sache, wissen Sie; nicht wie Feminismus oder Chemie.

Haben Sie schon einen der neuen, bunten Stiefel gesehen?

Ist das nicht eine absurde Idee?

Und doch – wenn es zur Schönheit führt!

Das muß man immer zu sich selbst sagen – nicht wahr? Ich meine: Führt es zur Schönheit?

Das ist der Grund, warum ich die Wahlrechtlerpartei verlassen habe. Sie wollten, daß ich eine dieser schrecklichen gelben Schärpen trage. Und gelb paßt überhaupt nicht zu meinem Teint. Also habe ich die Walhrechtler-partei an Ort und Stelle verlassen.

Isis, die Astrologin.

Wir nehmen die Astrologie ziemlich ernst – unsere kleine Gruppe ernsthafter Denker – und wir haben eine reizende Astrologin damit beauftragt, unsere Horoskope zu erstellen und uns einen Vortrag zu halten.

Sie schrieb mir einen Brief – einen äußerst faszinierendsten Brief – und ich sagte ihr, sie solle uns besuchen, und wir sahen sie uns an. Sie trug ein wunderschönes himmelblaues Gewand mit goldenen Sternen – eines dieser griechischen, wie die arme, liebe Isadora Duncan sie trug – und einen goldenen Stern mitten auf ihrer Stirn.

„Mit diesem Stern sieht sie aus wie ein Einhorn", sagte Ravenswood Wimble. Aber andererseits gefällt ihm niemand völlig. Er ist so – wenn Sie verstehen, was ich meine.

„Wenn schon ein Einhorn, dann aber ein himmlisches Einhorn", sagte Fothy Finch. Fothy ist zu lieb zu allem; er sucht immer nach dem Guten im Menschen, wie Apollo oder Euripides – welcher von beiden war es? –, als sie ihm den Korb voll Spreu und Weizen gaben, und er sie trennte. Oder vielleicht war es Diogenes.

Sie hat sechs Schwestern und sie sind alle Astrologinnen, und man nennt sie die Plejaden.

Obwohl Voke Easeley in seiner scheußlichen Gossensprache sagte: „Plejaden? Sie ist ein Bär!"

Finden Sie Gossensprache nicht auch scheußlich?

Aber ich wollte Ihnen von dem schönen Brief erzählen, den sie geschrieben hat – dieser hat mich sofort für sie eingenommen.

„Hast du dich nie gefragt", begann er, „Warum du geboren wurdest?"

Das möchte ich wirklich gern wissen! Wenn es eine Frage gibt, die ich mir selbst tausende Male gestellt habe, dann diese: „Warum wurde ich geboren?"

Und dann ging es im Brief weiter über Horoskope und das Unvermeidliche.

„Wir können das Unvermeidliche nicht überwinden", hieß es da, „aber es ist an uns, darauf zu achten, daß das Unvermeidliche uns nicht überwältigt."

Oh, das Unvermeidliche! Das Unvermeidliche!

Wie oft habe ich mit Verzweiflung an das Unvermeidliche gedacht!

Und es ist mir noch nie in den Sinn gekommen, daß man es nehmen und so verwenden könnte, wie man es sich wünscht. Aber wie es scheint, kann man es, wenn man es vorher weiß. Es ist in gewisser Weise wie das Schicksal. Wenn jemand sein Schicksal nicht kennt, überrascht es einen. Aber wenn man vorher weiß, wie sein Schicksal aussehen soll, kann man es selbst lenken. Darum ist das Horoskop so praktisch, wissen Sie.

Nach dem Eintauchen in die Astrologie werde ich nie wieder Angst vor dem Unvermeidlichen haben.

Wie der Brief sagt: „Jede Frau, die ihr Horoskop vor sich und ihre Seele hinter sich hat, sollte in der Lage sein, jedes Problem zu lösen und jede Situation zu meistern, die ihr in ihrem Leben begegnen könnte."

Als Ravenswood Wimble die Damen traf – habe ich Ihnen gesagt, daß ihr Berufsname Isis ist? – wollte er wissen, was passieren würde, wenn ihre Seele vor ihr und ihr Horoskop hinter ihr wäre? Aber Isis brachte ihn einfach mit einem Blick zum Schweigen.

Denken Sie nicht, daß die Leichtfertigkeit in so lebenswichtigen Angelegenheiten schrecklich ist?

Aber ich nehme an, in jeder kleinen Gruppe gibt es jemanden, der denkt, daß er oder sie zuweilen spöttisch oder witzig sein muß.

Nicht, daß ich selbst humorlos wäre.

Ich denke, ein Sinn für Humor ist das rettende Element, wenn Sie verstehen, was ich meine.

Aber niemand sollte versuchen, ihn zu verwenden, sofern er nicht sicher ist, daß jeder versteht, daß er es humorvoll meint.

Wir – unsere kleine Gruppe von Denkern – werden uns dem Sinn für Humor in Kürze ernstlich widmen.

Aber der Swami mag Isis nicht. Armer, lieber Swami! Sie sei ein Scharlatan, sagt er. Und sie mag ihn nicht.

„Meine Liebe", sagte sie zu mir, „sind Sie *sicher*, daß er wirklich in sich geht? Oder gibt er nur *vor*, es zu tun?"

Ist es nicht furchtbar, daß Genies so sind – wie eifersüchtig sie aufeinander sind? Vor allem Hellsichtige! Vor ein oder zwei Jahren hatten wir am selben Abend zwei Medien, die sich tatsächlich darüber stritten, mit welcher von ihnen ein bestimmter Geist kommunizierte.

Die einfachen häuslichen Feste.

Lieben Sie die einfachen alten Feste, wie Erntedankfest und Weihnachten, auch so sehr?

Das ist eine Sache, in der Papa und Mama und ich übereinstimmen. Und dieses Jahr hatten wir eine ganz einfache Art von Erntedankfest.

Natürlich ist es ziemlich langweilig, wenn man viele Verwandte einladen muß.

Aber man muß immer etwas opfern, um die lohnenden Dinge zu bekommen, nicht wahr?

Und was ist mehr wert als Einfachheit?

Einfachheit! Einfachheit! Ist sie nicht wirklich *wundervoll?*

Beinahe jede Nacht, bevor ich ins Bett gehe, frage ich mich: „War ich heute einfach und ehrlich? Oder habe ich *versagt?*"

Papa lädt immer zwei jungfräuliche Tanten zum Erntedank-Essen ein. Liebe alte Seelen, nehme ich an, aber dennoch ziemliche Vogelscheuchen.

Und Fothergil Finch war auch dort. Ich bat den armen, liebenswerten Fothy darum, denn ansonsten hätte er in irgendeinem Restaurant essen müssen.

Er versuchte, freundlich zu Papas Tanten zu sein — natürlich sind sie auch meine Großtanten, aber ich fühlte mich nie wirklich mit ihnen verwandt — aber woher sollte er wissen, wie furchtbar rückschrittlich sie sind?

Fothys einzige wirkliche Interessen konzentrieren sich auf Kunst, wissen Sie. Und es wäre besser gewesen, wenn er von Kunst gesprochen hätte.

Aber, wie er mir später sagte, dachte er, er sollte versuchen, meiner Familie entgegenzukommen und über etwas Praktisches zu sprechen.

Etwas mit einem direkten Einfluß auf das Leben, verstehen Sie.

Also fragte er Tante Evelyn, was sie von Ehe-schließungen hielte.

Sie wußte zuerst nicht genau was er meinte, aber Tante Fanny flüsterte ihr etwas zu und sie wurde blaß und sagte: „Grundgütiger!"

Der arme, liebe Fothy sah, daß er auf der falschen Fähr-te war, also wechselte er das Thema und begann Tante Fanny die Handlung eines neuen Theaterstückes zu erzäh-len. Eines der Sexuellen, wissen Sie.

„Ach du lieber Gott!", sagte Tante Fanny und fing an zu zittern.

Und sie zogen ihre Stühle näher zusammen und jede nahm ein Fläschchen mit Riechsalz aus einer kleinen schwarzen Tasche, und sie saßen und zitterten und rochen an ihrem Salz und starrten ihn völlig entgeistert an.

Dies machte Fothy verlegen, aber er dachte, daß sein Fehler darin lag, daß er über irgend etwas Künstlerisches, wie ein Theaterstück, gesprochen hatte, also wechselte er das Thema wieder. Er erzählte mir später, daß er sicher war, daß alles gut gehen würde, wenn er auf ein wirklich *praktisches* Thema kommen könnte.

Also fragte er Tante Evelyn, was sie über Genetik dächte.

„Was ist das?", fragte Tante Evelyn mit klappernden Zähnen.

„Nun, die Vererbungslehre", sagte Fothy. Und dann mußte er alles über Genetik erklären.

Sie saßen vollkommen still und starrten ihn an, und er war sich sicher, daß er zumindest ihr Interesse geweckt hatte, und er redete weiter und weiter über Genetik und die zukünftigen Menschen, wissen Sie, und das führte ihn zurück zu den Dreier-Ehen, und dann kam er auf den Dämmerschlaf zu sprechen.

Und was könnte, wie er sich später sagte, praktischer sein?

Aber gewöhnliche Leute wissen die Anstrengungen, die die ernsthaften Denker für sie aufbieten, nie zu schätzen, und Tante Evelyn lehnte es rundheraus ab, überhaupt an den Tisch zu kommen, als das Abendessen angekündigt wurde. Sie sagte, sie habe ihren Appetit verloren und fühle sich unpäßlich.

Aber Tante Fanny kam. Sie sprach das Tischgebet. Papa ließ sie das immer am Erntedankfest und an Weihnachten und Neujahr tun. Und sie machte ein regelrechtes Gebet daraus — sie betete für Fothy, wissen Sie, direkt vor ihm; und sie betete auch für mich. Es war furchtbar. Und danach sagte der arme liebe Fothy, er wünsche, er hätte über Kunst geredet.

„Das wäre sicherer“, sagte ich; „dann könnten die Leute sich nicht angegriffen fühlen, denn niemand wüßte, was du überhaupt meinst.“

„Ach“, sagte Fothy, „wirklich niemand?“ Und er ging ganz niedergeschlagen und verletzt davon.

Citronella und Stegomyia.

Wir sprachen gestern Abend über berühmte Liebesaffären, und Fothergil Finch sagte, er dachte daran, eine Ballade über Citronella und Stegomyia zu schreiben.

Und natürlich taten alle so, als wüßten sie, wer Citronella und Stegomyia[II] wären. Mrs. Voke Easeley — Sie

---

[II] Citronella: Ein Extrakt aus Zitronengras, das gegen Mücken (u. a. Die Moskitoart Stegomyia) eingesetzt wird.

haben von Voke Easeley und seiner modernen Kunst gehört, nicht wahr? Mrs. Voke Easeley sagte:

„Aber finden Sie nicht, daß diese alten italienischen Liebesaffären etwas abgedroschen sind?"

„Italienisch?", sagte Fathy mit hochgezogenen Augenbrauen zu Mrs. Voke Easeley.

Und es wußte tatsächlich keiner von ihnen, wer Citronella und Stegomyia waren; aber sie taten alle so, und sie sahen, daß Mrs. Voke Easeley in Schwierigkeiten war. Und sie merkte es auch und versuchte sich zu retten.

„Natürlich", sagte sie, „waren Citronella und Stegomyia *selbst* keine italienischen Liebenden. Aber so viele der alten italienischen Dichter haben über sie geschrieben, daß ich sie immer als leuchtende Sterne in dieser wundervollen, wundervollen Galaxie der italienischen Romantik sehe!"
Fothy kann sehr gemein sein, wenn er will. Also sagte er: „Ich kann kein Italienisch lesen, Mrs. Easeley. Ich war gezwungen, all meine Informationen über Citronella und Stegomyia aus englischen Autoren zu ziehen. Vielleicht wären Sie so gut, mir zu sagen, welcher italienische Dichter die jüngste Version von Citronella und Stegomyia geschrieben hat?"

Mrs. Voke Easeley antwortete ohne zu zögern: „Nun, D'Annunzio, natürlich."

Das ließ alle wieder schwanken. Und Aurelia Dart sagte – sie ist dieses Mädchen mit den schönen Armen, wissen Sie, die die Harfe spielt und immer einen oder zwei Männer bei sich hat, um sie überall hin mitzunehmen – jemandes Ehemann, wenn sie es bewerkstelligen kann – Aurelia sagte:

„D'Annunzio, natürlich! Einige Passagen davon sind vertont worden."

„Wollen Sie nicht etwas davon für uns spielen?“, fragte Fothy sehr höflich.

„Es wurde niemals für die Harfe arrangiert“, sagte Aurelia. „Aber wenn Mrs. Easeley sich an einige der Zeilen erinnern kann und so gut sein würde, sie zu wiederholen, werde ich versuchen zu improvisieren.“

Damit warf sie Mrs. Easeley den Ball wieder zu. Sie haßt Aurelia, und Aurelia weiß es. Voke Easeley hatte Aurelias Harfe beinahe den ganzen vergangenen Winter herumgeschleppt. Und die einzige Möglichkeit, wie Mrs. Easeley Voke davon abhalten konnte, war, ihr kleines Mädchen mitzubringen – das, das so leicht Krämpfe bekommt. Und als dann Voke Aurelias Harfe für sie bereithielt, bekam das kleine Mädchen einen Krampf, und Mrs. Easeley übergab sie Voke, und Voke mußte das kleine Mädchen nach Hause bringen, und Mrs. Easeley blieb und merkte an, was für ein Familienmensch und ergebener Ehemann Voke für einen Künstler war.

Nun, Mrs. Easeley war ganz und gar nicht überrumpelt. Sie stand auf und rezitierte irgend etwas. Ich hatte einen Winter lang einen Kurs über italienische Poesie besucht, und wir hatten besonders D'Annunzio studiert; aber ich erinnerte mich nicht an das, was Mrs. Easeley rezitierte. Aber Aurelia horchte darauf. Improvisieren ist eine der Sachen, die sie am besten kann.

Und jeder sagte, wie schön es sei und wie viel Seele darin läge, und „Arme Stegomyia! Arme Citronella!“

Der Swami sagte, daß es ihn an einige Passagen von Tagore erinnerte, die noch nicht ins Englische übersetzt worden waren.

Voke Easeley sagte: „Die Klage Citronellas ist von einer traumhaften Leidenschaft erfüllt, die nur die italienischen Dichter in Worten ausdrücken können."

Fothy zwinkerte mir zu und ich entschuldigte mich und schlüpfte in die Bibliothek und schlug sie nach – und, nun, man sollte es kaum glauben! – sie waren überhaupt keine Liebhaber! Und ich hätte es von Anfang an wissen müssen, denn ich benutze immer Citronella gegen Stechmücken auf dem Land.

Sie verhielten sich immer noch so, als ich zurückkam, und Aurelia sagte: „Citronella unterscheidet sich psychologisch von Julia – sie ist mehr wie die arme, liebe Francesca in ihrem Gefühl der kosmischen Unvermeidlichkeit der Tragödie. Aber Stegomyia hatte eine Spur von Hamlet in sich."

„Ja, eine Spur von Hamlet", sagte Voke Easeley. „Eine Spur von Hamlet in seiner Natur, Aurelia – und mehr als eine Spur von Tristram!"

„Es ist eine Sache, die Maeterlinck in seiner Frühzeit hätte schreiben sollen", sagte Mrs. Voke Easeley.

„Die Geschichte hat auch ihr irisches Gegenstück", sagte Leila Brown, die sich eher auf all die schönen Dinge Lady Gregorys spezialisiert hat. „Ich habe mich immer gefragt, warum Yeats oder Synge sie nicht aufgegriffen haben."

„Die wesentliche Geschichte ist älter als Irland", sagte der Swami. „Sie ist älter als Buddha. Es gibt drei Versionen davon in Sanskrit, und die jungen Männer in Benares singen es bis heute."

Heuchelei! Heuchelei! Oh, wie ich Heuchelei verabscheue!

Es war andererseits aber ebenso *gräßlich* von Fothy. *Jeder* hätte getäuscht werden können.

Mir selbst hätte es passieren können, wenn ich nicht intellektuell zu ehrlich gewesen wäre, und Fothy mir nicht den Hinweis gegeben hätte.

Hermines Salon eröffnet.

Vielleicht hast du letzte Nacht die Welt wanken gefühlt,
Wie sie sich in ihrer Umlaufbahn duckte,
Wie ein geplagter Welpe
Der eine Hornisse auf seinem brennenden Kopf hat?
Letzte Nacht, letzte Nacht – historische letzte Nacht!
Wurde Hermines Salon eröffnet!

Draußen war die Nacht kalt. Aber der Gedanke drinnen,
Toste so rot und heiß wie die Sünde durch die Zimmer.
Draußen war die Nacht ruhig;
Drinnen erzeugte das Wogen
Und Rascheln des Gedankens einen knisternden Lärm...

Die Parfüm-Anwendung.

Ein reizender Mann hat uns – unserer kleinen Gruppe ernsthafter Denker – gestern Abend einen Vortrag über die Kunst der Zukunft gehalten.

Und was denken Sie, was es sein wird? Sie würden es niemals erraten! Niemals!

Die Unterhaltung der Zukunft wird ein Parfüm-Konzert sein!

Jeder Duft entspricht einer Farbe, verstehen Sie, und jede Farbe entspricht einem Ton, und jeder Ton entspricht einer Emotion.

Und der wahrhaft ästhetische Mensch – derjenige, der sensibilisiert ist – wird einen Ton auf der Geige hören und eine Farbe sehen und leidenschaftlich an die Eine, denken, die er liebt, alles zur selben Zeit, nur durch das Riechen an einer Rose.

Aber natürlich muß es die *richtige Sorte* Rose sein. Papa – der arme liebe Papa ist manchmal so grob und roh in seinen Versuchen, witzig zu sein – Papa sagt, es wäre eine gute Idee, den Mann, der mit uns sprach, in eine Fabrik zu führen, in der Kohl gekocht wird, und dann zuzusehen, wie er an dem Lärm stirbt. Papa ist nicht sensibilisiert; er versteht nicht, daß der Ästhet wirklich sterben würde – Papa widersteht den Schwingungen der ästhetischen Umgebung, mit der ich ihn gern umgeben würde, wenn Sie verstehen, was ich meine.

Oh, sensibilisiert zu sein! Sensibilisiert zu sein! Wie ein Rohr im Wind zu schwingen! Wie ein Blütenblatt in der Sonne aufzublühen!

Ich habe eine Studie meiner Aura anfertigen lassen. Wissen Sie, die Seele strahlt bestimmte Farben aus, und wenn die Individualität mit dem kosmischen All übereinstimmen soll, muß man darauf achten, daß die Farben um einen herum nicht mit dem eigenen seelischen Farbton kollidieren.

Und nachdem man seine Seelenfarbe gefunden hat, kann man den Duft finden, der zu dieser Farbe paßt. Ich werde das Haus neu dekorieren lassen, mit einer süßen subtilen Mischung von Düften in jedem Raum!

Ich war immer gut darin, Dinge aufeinander abzustimmen – ich sehe Affinitäten auf einen Blick. Hellsichtige Menschen können das.

Als ich noch ein kleines Kind war, nahm Mama mich immer mit in die Läden, wenn es Bänder oder ähnliches gab, die zueinander passen sollten.

Ich habe es geliebt, schon als kleines Kind! Und ich denke, es ist immer noch der allergrößte Spaß.

Oft gehe ich durch ein halbes Dutzend Geschäfte, nicht weil ich etwas kaufen will, sondern nur um die Farben zu vergleichen. Es gibt mir einen einzigartigen Nervenkitzel.

Einige von uns sind so – einige von uns sind wahrhaft sensibilisierte Seelen – wir funktionieren, meine ich, ganz ohne es aufhalten zu können – ich hoffe, Sie können mir folgen. Ist es nicht wundervoll, auf diese Weise mit dem Universum in Kontakt zu sein? Nicht, daß die Verkäuferinnen, die einem die Stoffe und Dinge zeigen, es immer verstehen würden.

Die Arbeiterklasse ist uns fortschrittlichen Denkern gegenüber oft undankbar. Manchmal stehe ich kurz davor, meine Arbeit zur gesellschaftlichen Verbesserung aufzugeben, wenn ich daran denke, *wie* undankbar sie sind. Aber zu allen Zeiten müssen einige von uns zum Wohle der Massen durch sie leiden.

Über das Andersweltlich sein.

Es ist nicht genug, einfach nur weltabgewandt zu sein. Man muß auch andersweltlich sein, wenn Sie verstehen, was ich meine.

Wozu ist unser ganzes modernes Denken gut, wenn es nicht dem Schönen und Spirituellem dient?

Ist der Materialismus nicht einfach *gräßlich*?

Für den undisziplinierten Verstand, meine ich.

Natürlich wird die richtige Art von Geist sogar aus dem Materialismus etwas Gutes ziehen, und die falsche Sorte wird Schaden davontragen.

Jedes Mal, bevor ich etwas Neues aufnehme, frage ich mich: „Ist es *anders*-weltlich? Oder ist es nicht *anders*-weltlich?"

Wir – unsere kleine Gruppe ernsthafter Denker –wollten den Malthusianismus und Mendelismus[12] aufgreifen und ihnen einen ganzen Abend widmen, aber eines der Mädchen sagte: „Ach, laßt uns nicht darüber reden. Sie klingen irgendwie furchtbar chemisch!"

Ich sagte: „Die Frage, meine Liebe, ist nicht, ob sie chemisch oder nichtchemisch sind. Die Frage ist, sind sie weltlich? Oder sind sie *anders*-weltlich?" Das ist der Prüfstein. Man kann es auf alles anwenden, auf einfach *alles*!

Zum Beispiel, ob Lehrerinnen Mütter sein sollten – diese Frage kam am anderen Abend zur Diskussion. Und ich legte die ganze Sache auf einmal bei, mit nur einer Frage: „Ist es weltlich? Oder ist es *anders*-weltlich, daß Lehrerinnen Mütter sind? Oder ist es nur unweltlich?" Haben Sie die neuesten Modelle gesehen? Einige von ihnen sind wundervoll, einfach *wundervoll*! Wissen Sie, ich kleide mich immer passend zu meinem Temperament– und ich habe ein reizendes Kleid anfertigen lassen – der Rock ist aus Ecru-Spitze, doppelt abgestuft, von einem geraden Mieder herabfallend, und die Farben sind Silber und Blau.

---

[12] Malthus und Mendel waren zwei Theoretiker des 19. Jahrhunderts, die sich mit Vererbungslehre und Bevölkerungsentwicklung befaßten.

Eltern, und ihr Einfluß.

Mama ist weiß Gott unfortschrittlich genug!

Aber der arme, liebe Papa!

„Papa", sagte ich neulich zu ihm, „alle Konservativen, die es sich anzuhören lohnt, waren in ihrer Jugend Radikale." Ein reizender Mann hat uns das letzte Nacht gesagt — unserer kleine Gruppe ernsthafter Denker — und ich fand es äußerst tiefgründig.

Und ist Tiefgründigkeit nicht faszinierend?

Aber Papa blickte nur finster und sagte: „Hmph!"

Papa ist ein Fortschrittsgegner, wissen Sie.

„Papa", sagte ich zu ihm, „was in dir an Sturheit vorhanden ist, ist in mir Willenskraft geworden. Du wirst mich niemals unterdrücken — *niemals*! Du solltest die Vererbungslehre studieren; sie ist wundervoll, einfach *wundervoll*!"

Papa runzelte die Stirn und sagte „Hmph!"

Aber wissen Sie, Eltern sind zum Scheitern verurteilt. Unsere kleine Gruppe hat am Abend einen Vortrag über Eltern gehört. Insbesondere über Mütter.

„Die Bedrohung durch die Mutter", hieß er. Ich merke mir stets die Titel.

Dieser Mann sagte — er war ein regelrechter Gelehrter — ich wünschte, Sie hätten ihn hören können — ach, wenn ich nicht so eine fortschrittlicher Denkerin wäre, wäre ich eine Gelehrte — wie auch immer, dieser Gelehrte sagte, daß Mütter die Zivilisation aus Egoismus zurückgehalten haben — sie lehren das Kind, daß es - nun also, sie verlieren die Sittenlehre und die allgemeine Moral aus den Augen, während sie ihm die individuelle Selbstverbesserung einschärfen.

Es ist gräßlich, darüber nachzudenken, nicht wahr? Einfach *gräßlich*!

Ich habe an Ort und Stelle beschlossen, daß, wenn ich jemals Mutter werde, ich die Erziehung meiner Kinder Experten, Gelehrten und anderen Spezialisten überantworten würde.

„Papa", sagte ich, „du hast der armen, lieben Mama erlaubt, mich selbstsüchtig zu machen – du weißt, daß du es getan hast! Was kannst du zu deiner Verteidigung sagen? Welches Recht hattest du, mich zu einer selbstgefälligen Individualistin zu machen?"

Und, wissen Sie, ich habe gekämpft und gekämpft, um die Selbstsucht loszuwerden, die meine Eltern mir anerzogen haben. Wie ich mich nach Harmonie und Demut sehne! Beinahe jeden Abend, wenn ich zu Bett gehe, sage ich mir: „Bin ich heute demütig gewesen? Wirklich demütig? Oder habe ich *versagt*?"

Kinder sind heutzutage nicht annähernd *einfach* genug. Oh, hätten wir doch nur mehr Einfachheit! Die brauchen wir alle.

Obwohl ich für Mama eines sagen muß – daß es schwierig gewesen wäre, mir Einfachheit anzuerziehen, selbst wenn sie gewußt hätte, wie.

Ich hatte eine so angespannte, sensible, nervöse Konstitution als Kind, wissen Sie.

Schon sehr früh begann sich mein Temperament zu zeigen.

Und man *kann* sein Temperament nicht verbergen.

Besonders wenn man hellsichtig ist, und ich bin es *sehr*.

Aber wenn ich jemals Kinder habe – nun, ich werde mit ihnen kein Risiko eingehen.

Zunächst einmal werde ich ihren Vater sorgsam auswählen.

Mama sagte, als ich ihr das sagte: „Hermine, du bist *schrecklich*!"

Arme, liebe Mama! Sie ist so dumm! „Mama", sagte ich zu ihr, „natürlich meine ich *nicht* freie Liebe. Ich hoffe, daß ich nicht so fortgeschritten bin! Obwohl einige *sehr* nette Leute davon geschrieben haben – es ist ziemlich respektabel, als eine *Theorie*. Aber du bist hoffnungslos altmodisch. Ich werde den Vater meiner Nachkommen *selbst* auswählen; du *wurdest* ausgewählt."

Mama stöhnte nur und sagte: „Alles, nur kein unzivilisierter Wilder, Hermine."

Aber da bin ich mir nicht sicher. Es fällt mir immer wieder auf, wie primitiv ich in gewisser Weise bin.

Und barfuß im Tau umherzugehen!

Nun, nicht ganz barfuß, natürlich – sondern mit einem Paar neuer Sandalen.

Fothergil Finch erzählt von seiner Rebellion gegen die organisierte Gesellschaft.

Bertie Griggs - Sie kennen Ethelbert Griggs, oder? Er schreibt für eine Frauenzeitschrift über die Pariser Mode, und nebenbei schreibt er die leidenschaftlichsten Verse. Alles über Schlangen und Frauen und Lilith und Phryne, wissen Sie.

Bertie sagte erst neulich zu mir: „Fothy, du bist zu radikal. Das wird dich in der Welt nicht weiterbringen."

„Bertie", sagte ich, „ich weiß, daß ich radikal bin, aber

wie könnte ich das ändern? Ich verachte die Welt! Ein wahrhaft männlicher Dichter muß das tun."

„Eines Tages, Fothy", sagte er, „wirst du mit dem Gesetz in Konflikt kommen."

Ich habe nur gelacht. Bitter, nehme ich an, denn Bertie sah mich ziemlich erschrocken an.

„Bertie", sagte ich, „ich erwarte Verfolgung. Ich begrüße sie. Alle großen Seelen tun das. Ich suche danach. Unter dem einen oder anderen Vorwand werde ich ins Gefängnis geworfen, wenn mein nächster Band, ‚Gezeter, Geschrei und Verwünschungen' herauskommt."

Und das werde ich auch tun, wenn ich jemals einen Verlag finde, der es wagt, ihn herauszubringen. Aber sie sind alle zu feige!

„Fothy", sagte er, „ihr Revolutionäre redet immer — aber was tut ihr jemals?"

Ich erhob mich würdevoll. „Bertie", sagte ich, „ich bin bereit, für die Sache zu leiden." Ich wandte mich um und verließ ihn. Ich mußte blaß vor Entschlossenheit gewesen sein, denn er rannte hinter mir her und faßte mich am Handgelenk. Aber ich schüttelte ihn ab.

Ich war in einer verzweifelten Stimmung.

„Verflucht seien alle ihre Konventionen!", sagte ich, als ich in die Straße in Richtung Central Park einbog. „Verflucht sei die ganze organisierte Gesellschaft!"

Ich blieb vor der Kolumbusstatue am Columbus Circle stehen.

„Du warst ein Narr", murmelte ich bitter, „eine neue Welt zu entdecken!"

Ich schüttelte meine Faust gegen die Statue und ging weiter.

Ich wanderte zu dem Platz, wo sie die Tiere halten, und blieb vor einem der Affenkäfige stehen.

Die lieben, eigenwilligen kleinen Tierchen! Sie zaubern stets meine düsteren Stimmungen von mir weg! So frei, so ungehindert, so primitiv!

Ich lächelte einen Affen an. Er lächelte mich an. Ich hielt eine Erdnuß hoch. Er streckte die Hand danach aus.

Ich wollte sie ihm gerade überreichen, als ich ein Schild sah, auf dem stand: „Es ist den Besuchern nicht gestattet, die Tiere zu füttern."

Immer ihre Gesetze! Immer ihre Einschränkungen! Immer ihre verdammten Fesseln! Immer diese Leugnung der Rechte des Individuums!

Einen Augenblick lang stand ich mit der Erdnuß in meiner Hand da, weil ich einfach zu wütend war, um irgend etwas zu tun!

Und dann rief ich laut aus: „Verflucht sei die organisierte Gesellschaft! Ich werde seine Gesetze brechen! Ich werde die Tiere füttern!"

Immer in Zeiten großer Krise sehe ich mich ganz deutlich, als wäre ich eine andere Person; Dichter tun dies oft, wissen Sie; und mir kam die Pose Ajax' in den Sinn, wie er dem Blitz trotzte.

„Ich *werde* das Gesetz brechen!", rief ich. „Nehmt dies!"

Und damit warf ich die Erdnuß mit aller Macht in den Käfig und rannte davon, und während ich rannte, lachte ich spöttisch.

Ich fühlte, daß ich den Rubikon überschritten hatte, und in dieser Nacht setzte ich mich hin und schrieb mein revolutionäres Gedicht ‚Der Widerstand'.

Was die Sache braucht, sind Männer, die Mißstände erkennen und den Mut zum Handeln besitzen! Dies ist das Zeitalter der Männlichkeit!

Die Exoten und die Arbeitslosen.

Diese Woche haben wir uns mit der Exotik beschäftigt — in der Poesie und Malerei und all diesen Dinge — und mit ihrem Einfluß auf unsere Zivilisation.

Wirklich, es ist wundervoll — einfach *wundervoll*! Ganz anders als die Erotik, wissen Sie, und auch als die Esoterik — obwohl sie manchmal miteinander verwechselt werden.

Ist es nicht sonderbar, wie alle diese neuen Bewegungen miteinander verbunden zu sein scheinen?

Einer der Hauptunterschiede zwischen dem Exotischen in der Kunst und anderen Dingen — wie zum Beispiel dem Esoterischen — ist, daß fast alles Exotische sich offenbar aus dem Ausland in unsere Kunst eingeschlichen hat.

Meinen Sie nicht, daß einige dieser ausländischen Ideen, — nun, gefährlich sein könnten? Ich meine, für den unge-übten Verstand?

Man kann sie zu weit treiben, wissen Sie — und wenn man das tut, dringen sie in dein Unterbewußtsein vor.

Eines der Mädchen — sie gehört zu der gleichen kleinen Gruppe fortschrittlicher Denker wie ich — ist von der Exotik so begeistert, daß sie ständig Orchideen trägt und ganz *verrückt* nach chinesischem Essen ist. „Meine Liebe", sagte sie erst gestern zu mir, „wenn ich kein Chop Suey bekomme, werde ich sterben!" Das Exotische ist in ihr Un-terbewußtsein vorgedrungen, verstehen Sie.

Sie hat eine heftige und leidenschaftliche Natur, und ich weiß ganz gewiß nicht, was aus ihr werden würde, wenn sie nicht die geistige Disziplin hätte, die sie aus dem modernen Denken zieht.

Nächste Woche widmen wir uns dem Syndikalismus — er ist schrecklich interessant, heißt es, und furchtbar fortgeschritten.

Ich vermute, es ist eine neue Art von Philosophie oder Sozialismus oder vielleicht Anarchie — oder etwas in dieser Art. Die meisten dieser neuen Dinge, die heutzutage kommen, *sind* etwas in dieser Art, nicht wahr?

Ich bin mir sicher, daß die Welt ihren fortschrittlichen Denkern, dafür, daß diese immer bei Themen wie diesen auf dem Laufenden bleiben, etwas schuldet, was sie niemals zurückzahlen kann.

Nicht daß ich mein Interesse an irgendeiner der älteren Formen der Soziologie verloren hätte, nur weil ich mit den neueren Phasen davon Schritt halte.

Erst gestern fuhr ich im Auto durch die Stadt und ließ den Fahrer an jedem Ort anhalten, an dem man Schnee schaufelte.

Ein reizender Mann war bei mir — er engagiert sich in einer Nachbarschaftsbewegung und widmet sein Leben der Soziologie und so weiter.

„Denken Sie nur", sagte ich zu ihm, „wie viel praktische Soziologie wir hier vor uns haben — all diese Schnee schaufelnden Männer — und wie wenig sie merken, daß ihre Arbeit sie überhaupt in die Soziologie führt."

Er sagte nichts, aber er schien beeindruckt zu sein.

Und ich bin mir sicher, daß die Arbeitslosen den ernsthaften Denkern für das sorgfältige Studium dankbar sein sollten, dem wir uns ihrethalben widmen. Meinen Sie nicht?

Der Geist der Weihnacht.

Ist das Weihnachtsfest nicht einfach einfach *wundervoll?* Seit Tagen fühle ich mich so beschwingt – so, nun, *andersweltlich –*, wenn Sie wissen, was ich meine.

Ist es nicht gräßlich, daß irgendwelche *materiellen* Erwägungen solch eine heilige Zeit verderben?

Es scheint mir, daß wir, wenn wir uns nur irgendwie von der *Weltlichkeit* und *Gier* befreien würden, uns zur spirituellen Bedeutung erheben könnten. Wenn wir es nur könnten!

Und was für ein Segen wäre es für die armen, müden Verkäuferinnen, wenn wir es könnten!

Natürlich müssen sie, die Verkäuferinnen, auch in ihren erschöpftesten Momenten von dem Gedanken getragen werden, daß sie dem schönen Impuls des Gebens helfen!

Wenn sie darüber nachdenken, daß jeder verkaufte Gegenstand ein Geschenk von einem aufmerksamen und liebenden Herzen an das andere ist, müssen sie die bloße Ermüdung des Fleisches vergessen und nur den Ansporn, die Inspiration, die Schwingung fühlen!

Es gibt Geschenke, das gebe ich zu, die nicht den göttlichen Funken der Liebe haben, um sie zu heiligen, aber immerhin gibt es nicht allzu viele von dieser Art. Einander lieben ist der Geist von Weihnachten – und das herrscht vor, was auch immer die Skeptiker anders sagen mögen. Und obwohl es schade ist, daß es zu Weihnachten überhaupt eine *materielle* Seite geben muß, ist es so tröstlich, so erhebend, zu erkennen, daß der Hintergrund der materiellen Gabe brüderliche Liebe ist.

Es beruhigt einen über den Zustand der Welt; gewiß wird es nicht schlimmer, wenn die brüderliche Liebe und der Geist des Gebens uns alle belebt.

Natürlich *ist* das Beschenken an Weihnachten manchmal ein Problem. Es ist *so* peinlich, wenn jemand, den man vergessen hat, einem ein Geschenk schickt.

Ich kaufe immer mehrere zusätzliche Dinge nur für diesen Notfall. Wenn dann ein unerwartetes Geschenk eintrifft, kann ich so schnell ein Geschenk zurückgeben, daß niemand auch nur im Traum daran denken würde, daß ich es nicht verschenken wollte.

Und ich kaufe immer Dinge, die ich gerne selbst haben möchte, damit sie nicht verschwendet werden, wenn sie nicht für unerwartete Menschen benötigt werden.

Sehen Sie, neben all meiner Spiritualität habe ich auch eine praktische Seite.

Alle *ausgeglichenen* Naturen haben sowohl eine spirituelle als auch eine praktische Seite. Es ist heutzutage so wichtig, daß man ausgeglichen ist, und es ist eine große Erleichterung für mich, daß ich praktisch sein *kann*. Es erspart mir auch eine Menge Ärger, besonders über dieses Problem des Beschenkens zu Weihnachten.

Ich kenne zum Beispiel den Wert von materiellen Dingen. Und ich verschwende nie Geld, indem ich meinen Freunden teurere Geschenke gebe, als ich von ihnen bekomme. Das ist einer der Vorteile einer ausgeglichenen Natur, die *praktische* Seite.

Und trotzdem liegt der Wert eines Geschenks nicht in seinen *Kosten*. Ziemlich billige Dinge sind, wenn sie Aufmerksamkeit und Zuneigung darstellen, wertvoller als Rubine.

Mama und Papa werden mir eine Perlenkette schenken, eine, die gerade um den Hals reicht, aber mit wunderschön passenden Perlen. Eine prunkvolle lange Perlenkette würde mir ohnehin nicht gefallen.

Der arme, liebe Papa sagt, er kann sie sich nicht wirklich leisten – in so harten Zeiten und mit diesen beklagenswerten Europäern in aller Welt, wissen Sie – aber Mama erklärte ihm, wie überaus wichtig *Schönheit* für mich ist, und schließlich gab er nach.

Ist es nicht *wundervoll*, wie uns die Liebe in der Weihnachtszeit regiert?

Die arme liebe Mama und Fothergil Finch.

(Hermine Boswell spricht)

Hermines Mutter, die auf diesen Seiten so oft als „arme, liebe Mama" bezeichnet wurde, hat sich definitiv für das Wahlrecht ausgesprochen. Jemand sagte ihr, daß es ein Bündnis zwischen den Alkoholbefürwortern und den Gegnern für das freie Wahlrecht gäbe, und sie glaubte es, und es schockierte sie.

Seit die Aktivitäten ihrer Tochter sie in Kontakt mit dem modernen Denken gebracht haben, verbrachte sie ihr Leben hauptsächlich in der einen oder anderen der folgenden drei Phasen: Sie war gerade schockiert, sie ist schockiert oder sie befürchtet, daß sie schockiert sein wird.

Sie ist fast fünfzig und ziemlich dick, obwohl ihre Figur immer noch nicht schlecht ist. Sie hat eine Fülle von kastanienbraunem Haar, alles ihr eigenes und natürlich gewellt; ihre Hände sind hübsch, ihre Füße sind hübsch, ihr Gesicht ist hübsch. Ihr Mund ist sehr klein, beinahe unverhältnismäßig klein, und ihre Augen sind sehr groß und blau und sehr weit geöffnet. Sie war dazu bestimmt, eine gelassene Frau zu sein, aber Hermine und das moderne Denken haben die völlige Gelassenheit unmöglich gemacht. Sie hat eine Vorliebe für reiche Brokate, hübsche Fächer, Pralinen, große Schüsseln mit Rosen und bequeme Stühle. Als sie in Hermines Alter war, malte sie Wasserfarbenskizzen; die Umrisse wurden von ihrem Zeichenlehrer eingezeichnet, und sie malte sie sehr glatt und sauber mit Farbe aus; aber sie hat eine Menge Geschichten über das ausschweifende Leben gehört, das Künstler führen, und so gab sie es auf. Trotzdem sagt sie manchmal: „Hermine hat ein ganz natürliches Interesse an Kunst."

Fothergil Finch und ich haben kürzlich vorgesprochen. Hermine war nicht da und ihre Mutter schlug vor, daß wir auf sie warten sollten. Hermines Mutter steht Hermines Freunden mehr oder weniger argwöhnisch gegenüber, und sie würde insbesondere Fothergil nicht erlauben, auch nur einen Moment in ihrer Nähe zu sein, wenn sie nicht dazu gezwungen wäre; aber sie hat nicht die erforderliche Charakterstärke, um ihrer Tochter zu widerstehen.

Fothergil, der weiß, daß er nicht akzeptiert ist, wird sich selbst kaum gerecht, wenn Hermines Mutter anwesend ist; obwohl er bestrebt ist, sie nicht zu beleidigen.

„Haben Sie das Stück gesehen, ‚Das junge Amerika'?", fragte Fothergil, indem er nach einem sicheren Gesprächsthema suchte.

Sofort flackerte eine kleine Welle des Alarms in der meerblauen Unschuld ihrer Augen.

„Wenn es ein Stück über Probleme ist, kenne ich es nicht", sagte sie. „Ich halte solche Dinge für gefährlich."

„Aber das ist es nicht", sagte Fothergil eifrig. „Es ist ein – ein – es ist ein äußerst *nettes* Spiel. Es geht um einen Hund!"

„Um einen Hund!" Ihre Augenbrauen zogen nach oben, und ihr Mund rundete sich mit der Überzeugung, daß kein äußerst nettes Spiel von einem Hund handeln könnte. „Ich denke, das ist furchtbar grob!", sagte sie.

„Aber das ist es nicht", protestierte Fothergil. „Es ist genau das, was Sie gerne mögen."

„Tatsächlich!" Sie fühlte sich ein wenig beleidigt, da er zu wissen behauptete, was sie wollte, und entließ das Thema mit einem Wink ihrer hübschen Hand. Fothergil versuchte es erneut.

„Ich hoffe", sagte er einschmeichelnd, „daß Sie nicht allzu sehr von Stechmücken belästigt werden." Sie sah ein wenig verängstigt aus, sagte aber nichts, und er fuhr entschlossen fort: „Wissen Sie, das ist eine neue Art von Stechmücken, die wir dieses Jahr hatten. Die meisten haben Streifen an ihren Beinen, verstehen Sie, aber diese haben dieses Jahr schwarze Beine. Aber vielleicht ist es Ihnen nicht aufgefallen..."

Er hielt mitten im Satz inne. Der absurde Gedanke, sie könnte daran interessiert sein, die Beine von Stechmücken zu untersuchen, hatte Hermines Mutter zu offensichtlich empört. Fothergil, errötet und beschämt, versuchte es besser zu machen und machte es noch schlimmer.

„Vielleicht haben Sie ihre – ähm – Gliedmaßen nicht bemerkt", sagte Fothergil.

„Nein", murmelte sie.

Fothergil beharrte verzweifelt.

„Man sieht nicht mehr so viel von – von – " (ich bin mir sicher, daß er nicht wußte, wie er den Satz beenden würde, als er ihn begann, aber er stürzte voran) „vom Queen-Anne-Stil in der Architektur."

Mit sichtbarer Erleichterung und doch mit einem lauernden Verdacht stimmte sie zu. Und Fothergil, der sich endlich auf sicherem Boden fühlte, fuhr fort:

„Finden Sie nicht auch, daß sie eine der interessantesten Königinnen in der englischen Geschichte war – Queen Anne? Erinnern Sie sich an die Anekdote – "

Aber sie unterbrach ihn wieder erschrocken:

„Ich ziehe vor, sie nicht zu hören, Mr. Finch", sagte sie.

„Aber", sagte Fothergil, „sie war eine äußerst untadelige Königin – nicht wie, ähm – nicht wie – nun, Kleopatra, verstehen Sie, oder irgendwelche dieser schlechten Herrscherinnen."

Hermines Mutter schwieg, aber es war offensichtlich, daß sie fürchtete, daß das Gespräch sich in Richtung Kleopatra entwickeln würde.

„Als ich ein Mädchen war", sagte sie, „wurde das Leben von Königinnen als ziemlich gefährlich für junge Frauen angesehen. Sie brauchen bitte nicht ins Detail zu gehen."

Ich konnte es selbst nicht mehr aushalten. „Wenn Sie Hermine nur bitte ausrichten könnten, daß ich da war", sagte ich und schob mich zur Tür. Fothergil hielt jedoch aus. Im Taumel der Verlegenheit muß er völlig den Kopf verloren haben. Denn als ich ging, hörte ich ihn beginnen:

„Haben Sie heute in den Zeitungen von dem Mann gelesen, der seine Frau getötet hat? Verbrechen der Leidenschaft werden immer häufiger..."

Strafrechtsreform und Gelassenheit.

Finden Sie Strafrechtsreformen nicht einfach großartig? Ein reizender Mann hielt uns – unserer kleinen Gruppe fortschrittlicher Denker – gestern Abend einen Vortrag darüber.

Es gab mir das Gefühl, daß ich alles tun würde – einfach *alles!* – um diesen armen, unglücklichen Sträflingen zu helfen. Geld sammeln, oder Vorträge halten oder Bücher über sie lesen oder ein anderes Opfer bringen.

Sogar ihnen eine Arbeitsstelle suchen. Man sollte ihnen helfen, von vorn anzufangen, wissen Sie.

Obwohl, wenn es darum ginge, selbst einen von ihnen anzustellen oder den lieben Papa dazu zu bringen – nun, wirklich, man muß irgendwo die Grenze ziehen!

Aber es ist ein absolut faszinierendes Thema, die Strafrechtsreform.

Es gibt einem ein solches Gefühl der Brüderlichkeit – und des Dienens – es macht einen großherziger, finden Sie nicht?

Und man muß großherzig sein. Ich frage mich jeden Abend, bevor ich ins Bett gehe: „Bin ich heute *großherzig* gewesen? Oder habe ich versagt?" Obwohl man natürlich auch *zu* großherzig sein kann, nicht wahr?

Was ich meine ist, man darf nicht so großherzig sein, daß man sein Gleichgewicht inmitten der Dinge verliert.

Haltung! Das braucht dieses Zeitalter!

Haben Sie schon gehört, daß breitkrempige Hüte wieder in Mode kommen?

Ein Beispiel von der Macht der Psyche.

Haben Sie schon einmal tief über die Beharrlichkeit der persönlichen Identität nachgedacht?

Wir nahmen uns dieses Themas gestern Abend an – unsere kleine Gruppe – auf eine ziemlich gründliche Weise – und widmeten ihm einen ganzen Abend.

Sehen Sie, es gibt eine Theorie, daß, nachdem die Evolution sich so weit als möglich entwickelt hat, alles zerschlagen werden, dann aber die Evolution von vorne beginnen wird. Und alles, was vorher passiert ist, wird wieder passieren.

Es bleibt nur die Frage, ob die Menschen, denen es wieder passiert, wissen werden, daß sie dieselben Menschen sind, denen es zuvor passiert ist.

Hier kommt die Frage nach der Beharrlichkeit der persönlichen Identität ins Spiel. *Schrecklich* faszinierend, nicht wahr?

Ich für meinen Teil würde genauso wenig wiedergeboren werden wollen, wie wiedergeboren werden und nichts davon wissen.

Natürlich könnte das unterschwellige Bewußtsein davon wissen und eine Andeutung geben. Ich hatte selbst solche Ahnungen – wirklich!

Ich bin furchtbar hellsichtig, wissen Sie.

Manchmal erschrecke ich Leute ziemlich mit meiner psychischen Kraft.

Fothergil Finch war gestern Abend hier – Sie kennen Fothergil Finch, den Dichter, nicht wahr? – und ich erstaunte ihn, indem ich seine innersten Gedanken las.

Er hatte gerade eines seiner Gedichte gelesen – ein *vers libre* Gedicht, wissen Sie; alles über Stärke und Männlichkeit und so etwas. Fothergil ist einfach fasziniert von Stärke und Männlichkeit, obwohl man es nie für möglich halten würde, wenn man ihn ansieht – er ist so – so – nun, wenn Sie verstehen, was ich meine, so würde man, wenn man ihn ansieht, eher vermuten, daß er über Veilchen schreibt, statt über Höhlenmenschen.

„Fothy", sagte ich, als er das Gedicht zu Ende gelesen hatte, „ich weiß, was du denkst – was du fühlst!"

„Was?", sagte er.

„Du denkst", sagte ich, „wie wundervoll der Kosmische Drang ist!"

Gedanken kommen mir einfach so – fallen mir zu – sozusagen aus dem Nichts.

Fothy war zusammengefahren; er wurde tatsächlich blaß; für ein oder zwei Minuten konnte er kaum sprechen. Es hatte kaum ein *Wort* über den Kosmischen Drang in dem Gedicht gegeben; er hatte es kaum erwähnt. „Es ist wundervoll", sagte er, als er den Schock überwunden hatte; „wundervoll, verstanden zu werden!" Und wissen Sie, es ist so – der arme Schatz! – So viele Leute verstehen Fothy überhaupt nicht. Auch nicht, was er schreibt.

Aber das Seltsamste war – ich wünschte, ich könnte Ihnen begreiflich machen, wie positiv *unheimlich* es mich fühlen läßt – , daß ich bereits, bevor er sagte, „Es ist wundervoll, verstanden zu werden!" wußte, daß er es sagen würde. Das habe ich auch hellsichtig verstanden!

„Fothy", sagte ich, „es ist absolut *seltsam* – ich habe zum zweiten Mal deine Gedanken gelesen!"

„Wunderbar!", sagte er, „aber noch wundervoller wäre – "

Und bevor er den Satz beenden konnte, passierte es das *dritte* Mal! Ich unterbrach ihn und beendete den Satz für ihn.

„Noch wundervoller wäre es", sagte ich, „wenn es *nicht* so wäre."

„Ach du lieber Himmel!", rief er, „das wird ja regelrecht gespenstisch."

Und wissen Sie, das war es auch fast. Nicht daß ich überhaupt abergläubisch bin, zumindest nicht auf herkömmliche Weise. Aber in dem abgedunkelten Raum – ich habe immer nur Kerzenlicht im Salon – paßt es irgendwie zu meinen eher nachdenklichen Stimmungen – ich finde, man muß seinem Umfeld entsprechen, nicht wahr? – in dem dunklen Zimmer bewirkten all diese Gedanken, die zwischen meinem Gehirn und seinem hin- und herflogen, bei mir ein geradezu gruseliges Gefühl. Und Fothy war so erschüttert, daß ich ihm etwas von Papas Scotch einschenken mußte, bevor er in die Nacht hinausging.

Einige schöne Gedanken.

(Wie von Fothergil Finch,
dem Vers Libre-Barden, ausgedrückt)

Oh, der schöne Schlamm! Ich lasse ihn stets auf meinen Stiefeln! Er ist mir heilig. Denn darin sind die Seelen der Lilien!

Das Schwein sollte ein heiliges Tier sein. Schweine sind schön! Sie leben in der Nähe des Schlammes! Oh, ein Schwein zu sein!

Was ist beredter als ein Niesen? Das Niesen ist der Protest des Freien Geistes gegen den eingebildeten Bürger, der sich niemals einer Erkältung aussetzt. Oh, schöne Nieser! Oh, mein Leben zu einem lauten, explosiven Niesen angesichts der Konventionalität zu machen!

Was ist so frei, so ungehemmt, so ungebunden, so unkonventionell, wie ein Grippevirus? Von Hals zu Hals schwebt er, voll des Geistes wahrer demokratischer Brüderlichkeit, macht die Massen mit den Klassen gleich, sorglos, geflügelt, ungebunden! Oh, der schöne Virus! Oh, ein Grippevirus zu sein!

Was ist so naiv wie ein Schluckauf! Oh, naiv, unverdorben, schön, barbarisch zu sein! Oh, der Schluckauf, der schöne Schluckauf, der Schluckauf der Kunst, der sich gegen den Orkan der Zeit äußert!

Käfer sind schön! Oh, die schönen, schlanken, schlüpfrigen Käfer. Oh, ein Wasserkäfer der Poesie zu sein, der über die Flut der Vergessenheit hüpft! Oh, ein Käfer zu sein!

Ich ging hinunter zum Hafen, wo sie Fisch verkauften und dort sah ich einen Fischer, der einen Dornhai gefangen hatte, und er fluchte, aber ich sagte zu ihm: „Verfluche den Dornhai nicht! Der Dornhai ist symbolisch! Der Dornhai ist schön! Wunderschön!"

Oh! die reizenden Müllboote! Ich ging die Bucht hinunter, und dort sah ich, wie sie die Müllboote anlegten! Ich sagte zu dem Mann, der mein Boot segelte: „Was bedeutet das Müllboot für dich?" Er war ein Philister; er war ein Spießbürger; er war überheblich; er war konventionell, und er sagte: „Ein Müllboot bedeutet bei mir ein Müllboot!" Aber ich sagte zu ihm: „Sie sind Akademiker; Sie sind konservativ! Müllboote sind reizende Symbole! Oh, meine traumhafte Flotte! Oh, meine schönen Müllboote! Irgendwann werden sogar die Philister des berüchtigten Amerika die geistige Bedeutung des reizenden Müllbootes erkennen!"

Ich fand eine Kleberfabrik, eine freie, ungehinderte Kleberfabrik! Sie drückte sich selbst aus. Sie behauptete ihre Individualität. Sie sagte zu den blinden selbstgefälligen Säulen der höflichen Gesellschaft: „Mein Duft ist nicht euer Duft, sondern mein Duft ist mein eigener!" Oh, die mutige Kleberfabrik, die freie, ungebundene Kleberfabrik! Eintausend Kleberfabriken, von Maine bis Oregon, tadeln

solcherart Klassenvorurteil und kleinbürgerliche Überheb-
lichkeit. Wie Dichter, wie Propheten der Abstrakten
Kunst, stehen sie, Kleberfabrik nach Kleberfabrik, prä-
sentieren ihre Egos, sind ganz sie selbst, unerschrocken,
ungebunden, stark, unabhängig, männlich! Oh, der Dichter
der Sekundenkleberfabrik zu sein!

Mit Veilchen in meinen Händen wanderte ich in die
Wildnis, und dort traf ich einen Bussard. Er war ganz er
selbst! Ich wand einen Kranz aus Veilchen, und ich krönte
den Bussard, und der Bussard sagte: „Warum krönst du
mich?" Und ich sagte: „Oh, lieblicher Bussard, bist du
nicht du selbst? Tadelst du nicht die trivialen Konventionen unserer organisierten Gesellschaft? Ich kenne deinen
Traum, o Bussard! Nimm diese Veilchenkrone von unserer
kleinen Gruppe an!"

Komm mit mir in den Zoo, und wir werden unsere
Seelen vor der Hyäne entblößen, und die Hyäne wird mit
uns kommunizieren, und wir werden die Bedeutung des
Lebens kennenlernen! Oh, die schöne Hyäne!

Das Merkmal des
Spießbürgerlichen und der Hintergrund.

Ist es nicht einfach wundervoll, wie D'Annunzio sich als
Soldat einschreibt und Gräben mit dem Duc d'Abruzzi
und anderen italienischen Dichtern gräbt? Oder war es gar
nicht d'Abruzzi? Jedenfalls war es einer dieser Dichter, die
immer über den Übermensch sprachen.

Obwohl, ich muß sagen, man hört heutzutage nicht viel
über den Übermensch, nicht wahr? Der Übermensch gerät
außer Mode, wissen Sie.

Eine meiner Freundinnen — sie ist auch eine fortschrittliche Denkerin und gehört zu unserer kleinen Gruppe — hat mir vor etwa einem Jahr gesagt: „Hermine, ich werde *niemals* heiraten, bis ich einen Übermensch finde!"

„Natürlich, das ist in Ordnung, meine Liebe", sagte ich zu ihr, „aber wie steht es mit der Genetik?"

Denn, wissen Sie, der Wahlspruch unserer kleinen Gruppe — also einer der Wahlsprüche — lautet „Genetik oder Ehelosigkeit!"

Das machte sie aus irgendeinem Grund ziemlich wütend. Sie schürzte die Lippen und wirkte schockiert.

„Es ist ja ganz gut, Hermine", sagte sie, „die Genetik in der Theorie zu diskutieren. Aber diese Diskussion mit der Ehe einer *Freundin* zu verbinden ist meiner Meinung nach nicht angemessen!"

Haben Sie je so etwas völlig Unbeständiges gehört?

Oh, Willensfestigkeit! Willensfestigkeit! Ist Willensfestigkeit nicht einfach wundervoll!

Aber so ist es immer, wenn es um eine Diskussion über das Geschlecht geht. Das kleinbürgerliche Element ist *niemals* umfassend und gründlich in der Behandlung der Geschlechter, wenn Sie verstehen, was ich meine.

Und wie Fothergil Finch sagt, sind wir in diesem Land *beinahe* alle kleinbürgerlich.

Wir haben nicht genug Hintergrundwissen für eine Sache.

Wenn all die kleinen Gruppen im Land sich ernsthaft mit dem Problem des Hintergrundwissens befassen würden, könnte etwas erreicht werden, meinen Sie nicht?

Wir müssen uns organisieren – wir sind die intellektuellen Führer – und eine wirkungsstarke Propaganda beginnen, um mehr Hintergrundwissen zu erlangen.

Über das Alkoholproblem.

Wir – unsere kleine Gruppe – denken darüber nach, uns des Alkoholproblems ziemlich ernsthaft anzunehmen.

Ohne Alkohol wären die Arbeiterklassen so viel besser dran. Und wir, die gedanklichen Führer, sollten ihnen ein Beispiel geben.

Also haben sich einige von uns entschieden, daß wir uns sehr streng gegen das Trinken in der Öffentlichkeit stellen sollten.

Natürlich, gelegentlich ein Cocktail oder zwei, ist etwas, das man nicht gut vermeiden kann, wenn man mit seinen Leuten nach dem Theater Essen geht oder gemeinsam zu Abend ißt.

Aber alle Mitglieder meiner kleinen Gruppe haben eine feierliche Vereinbarung getroffen, nicht einmal einen Cocktail oder ein Glas Wein einzunehmen, wenn irgend jemand aus den Arbeiterklassen zufällig dort ist, wo er uns sehen und durch unser Beispiel verdorben werden könnte. Die Besten sind den Massen diese Opfer schuldig, meinen Sie nicht?

Natürlich gehören die Kellner und solche Leute in Wirklichkeit ebenfalls zu den Arbeiterklassen, nehme ich an.

Aber wie Fothergil Finch sagt, wird man es oft nicht erfahren. Und man kann kaum erwarten, daß ein Kellner irgendwie beeinflußt wird. Und es ist ohnehin das Privatleben der Arbeiterklassen, auf das es ankommt.

Als wir uns mit der Soziologie befaßten – wir widmeten mehrere Abende der soziologischen Diskussion, wissen Sie, neben einer Menge praktischer Sozialarbeit, die wir leisteten – , war mir sehr stark aufgefallen, daß man, wenn man überhaupt etwas für die Massen tun will, zuerst ihr Familienleben versüßen muß.

Obwohl Papa mich aus Angst, daß ich eine schreckliche Krankheit bekommen könnte, davon abhielt, weiter in den entsetzlichen Orten herumzustochern, wo sie leben.

Und die Leute, die wir besuchten, waren überhaupt nicht dankbar. Die Massen sind es *so oft* nicht.

Eine gräßliche Frau, wissen Sie, behauptete, daß sie ihre Zimmer – sie hatte zwei Zimmer, und sie kochte und wusch und schlief und nähte darin und die Familie bestand aus 5 Menschen – behauptete, daß sie ihre Zimmer nicht in irgendeiner besseren Form halten könnte, weil sie so abgewohnt wären und die Rohrleitungen schlecht und die Fenster leckten und all diese Dinge, wissen Sie, und einer der Räume war *absolut* dunkel.

Ich habe ihr darauf die Wichtigkeit von frischer Luft und Sonnenschein und Sauberkeit gepredigt, und das unverschämte Ding sagte mir, daß Papa das Gebäude besäße, was gar nicht stimmt – Papa gehört nur der Firma an, der das Gebäude gehört. Man kann nicht viel für Leute tun, die nicht ehrlich zu einem sein wollen, oder?

Davon abgesehen ist es der stille Einfluß, der mehr zählt als Diskussionen und Besuche.

Wenn jemand aus seinem Leben macht, was es sein soll, wird es das Gute ausstrahlen.

Schwingungen aus dem Ich durchdringen alle Schichten der Gesellschaft.

Und so denken wir, sollten wir uns in Bezug auf das Alkoholproblem fühlen. Wir werden die Enthaltsamkeit mit gutem Beispiel einprägen.

Die Enthaltsamkeit, sagt Fothy Finch, sollte unser Motto sein, nicht die Abstinenz. Wir sollten sehr vorsichtig sein, uns nicht mit den *gewöhnlichen* Aspekten der Propaganda zu identifizieren.

Und natürlich ist eine völlige Enthaltsamkeit bei sozialen Veranstaltungen in unseren Privathäusern völlig ausgeschlossen.

Die Arbeiterklasse würde sowieso kein Beispiel aus unseren Häusern bekommen; denn wir kommen dort natürlich nie mit ihnen in Kontakt.

Aber die Arbeiterklassen müssen vor sich selbst gerettet werden, selbst wenn alle Arbeitgeber eine Liste aufstellen müssen, was die Arbeiter essen und trinken sollen, und sie dazu bringen, nur diese Dinge zu kaufen. Sie *müssen* einfach gerettet werden.

Nicht, daß sie es zu schätzen wüßten. Sie tun es nie. Wenn ich kein unverbesserlicher Idealist wäre, würde ich geneigt sein, sie aufzugeben.

Aber jemand muß sein Leben opfern, um sie vorwärts und empor zu führen. Und wer sonst kann es tun, wenn nicht wir Vorreiter des modernen Denkens?

Die Japaner sind wundervoll.

Lieben Sie die Japaner nicht auch? Sie sind so esoterisch – und subtil und all das, nicht wahr?

Sehen Sie sich zum Beispiel den Buddhismus und Shintoismus an. Könnte etwas subtiler und esoterischer sein?

Wir haben uns des Themas angenommen – unsere kleine Gruppe ernsthafter Denker – und es ist wundervoll, einfach *wundervoll*!

Nicht, daß einer von uns ein Buddhist oder Shintoist *sein* wollte – aber es erweitert den Verstand, mit den großen Gedanken von – von – nun, von Menschen wie Shinto und diesen anderen Weisen in Berührung zu kommen, meinen Sie nicht auch?

Und wie wunderbar künstlerisch sie sind – die Japaner! Die neuen Sonnenschirme sind ziemlich japanisch. Haben Sie sie noch nicht gesehen?

Ich habe drei, für verschiedene Kostüme. Einer ist mit besticktem japanischem Crêpe und ein anderer mit Martine-Seide bedeckt.

Aber der eine, denke ich, der *mich* am genauesten ausdrückt – derjenige, der meine Individualität wirklich repräsentiert – ist mit goldenen Speichen besetzt, die mit schwarzer Chantilly-Spitze besetzt sind. Japanische Form und französische Verarbeitung, Sie verstehen.

Und man muß danach streben, sich selbst zu repräsentieren, wenn man ehrlich sein soll.

Man muß seiner Umgebung seine Seele einprägen.

Obwohl Umgebung nicht mehr das ist, was sie einmal war. Man hört nicht annähernd so viel von der Umgebung reden, wie man es selbst tut.

Die Umgebung gerät außer Mode.

Die Japaner sind aber nicht nur so esoterisch, exotisch und künstlerisch, sondern auch wunderbar auf dem neuesten Stand.

Und sie haben tatsächlich ein Schlachtschiff namens *Tango*!

Haben Sie schon einmal intensiv über die interstellare Kommunikation nachgedacht?

Sie verspricht eines der großen neuen Probleme zu werden.

Ein reizender Mann hat uns gestern Abend einen Vortrag darüber gehalten. „Die interstellare Kommunikation in ihrer Beziehung zu neueren psychischen Hypothesen" – so lautet der Titel; ich habe ihn aufgeschrieben. Ich mache mir immer Notizen über einen solchen Titel. Es hilft einem, zum Kern der Sache zu kommen.

Die interstellare Kommunikation ist wundervoll – einfach *wundervoll!*

Wir werden uns bald mit dem Mars befassen.

Mama sagte erst gestern zu mir: „Hermine, du *mußt* einfach einige deiner ernsten Themen während des heißen Wetters fallen lassen."

„Mama", sagte ich zu ihr, „das war alles sehr gut zu eurer Zeit – Dinge aufzugreifen und sie nach Belieben fallen zu lassen. Aber die Menschen hatten damals kein soziales Gewissen. Wir fortschrittlichen Denker sind dem Volk etwas schuldig. Wir müssen uns mit den Dingen auseinandersetzen. Wir sind nicht zufrieden mit dem Frivolen, ich *werde* mich mit dem Mars befassen!"

Und, wissen Sie, ich habe nicht das Naturell, untätig zu bleiben. Mein Geist *muß* rege sein. Manchmal, wenn ich denke, wie rege mein Geist ist, frage ich mich, ob meine Stirn nicht runzlig ist.

Und das wäre natürlich ein Verlust – alles, was die Schönheit zerstört, ist ein Verlust.

Denn letztlich ist es Schönheit, was die Welt mehr braucht als alles andere. Es ist ein ernsthafter Gedanke –

wie weit sollte der Nutzen der Schönheit und die Schönheit dem Nutzen geopfert werden, nicht wahr?

Aus diesem Grund kann ich den Stimmrechtlern nicht beitreten. Ich bin natürlich auf ihrer Seite, aber das Stimmrechtler-Gelb ist eine so *gräßliche* Farbe, daß ich sie einfach nicht tragen *kann*.

Sie weigert sich, den Kosmos aufzugeben.

Wir haben uns Gertrude Stein gewidmet – unsere kleine Gruppe ernsthafter Denker – und sie ist wundervoll; einfach *wundervoll*.

Sie deutet das Unaussprechliche an, wissen Sie.

Natürlich ist sie eine Pionierin. Und bei allen Pionieren – finden Sie nicht auch? – ist die Reichweite größer als die Griffigkeit.

Nicht daß man sagen kann, was sie meint.

Aber in der abstrakten Kunst muß man keine Dinge meinen, oder? Man bringt die Saiten zum Klingen, und die Töne vibrieren.

Sind Vibrationen nicht einfach unvergleichlich entzückend?

Ein reizender Mann hat uns gestern Abend einen Vortrag über Weltbewegungen und kosmische Schwingungen gehalten.

Sehen Sie, jedes Mal, wenn der Kosmos vibriert, bedeutet das eine neue Weltbewegung.

Und die Seelen, die mit dem Kosmos im Einklang sind, werden von diesen Weltbewegungen begünstigt. Die anderen Seelen werden dadurch Schaden nehmen.

Das ist schrecklich interessant, nicht wahr? Der Kosmos, meine ich.

Ich habe so viel darüber nachgedacht! Es ist fast zu einer Obsession geworden.

Erst gestern Abend dachte ich darüber nach. Und ohne zu merken, daß ich laut sprach, sagte ich: „Ich könnte einfach nicht *ohne* den Kosmos auskommen!"

Mama – die arme, liebe Mama! – sie ist so schrecklich unfortschrittlich! Mama sagte: „Hermine, ich weiß nicht, was der Kosmos ist. Aber das weiß ich – keine weitere Geschlechter-Diskussion oder ostindischer Swami wird jemals wieder in *dieses* Haus kommen!"

„Mama", sagte ich zu ihr, „ich werde den Kosmos *nicht* aufgeben. Er bedeutet mir alles; einfach *alles!*"

Ich bin immer standhaft gegenüber Mama; es ist auf lange Sicht freundlicher, recht eindeutig zu sein. Aber was ich zuhause an Einwänden gegen die fortschrittlichen Bewegungen ertragen muß, weiß niemand!

Niemand außer den führenden Denkern kann sich vorstellen, was Märtyrertum ist!

Opfern! Opfern! Das ist der Leitgedanke des liberalen Lebens!

Fast jede Nacht, bevor ich ins Bett gehe, frage ich mich: „Habe ich heute Opfergeist gezeigt? Oder habe ich *versagt?*"

Der unzivilisierte Wilde.

Finden Sie nicht auch, daß das Primitive überaus faszinierend ist? Wir alle haben es in uns, wissen Sie, und es scheint, daß es heutzutage, je kultivierter und fortgeschrittener man ist, desto wahrscheinlicher ist, daß das Primitive aus einem herausbricht.

Ich habe eine starken Hang zum Primitiven in mir.

Ich würde nichts dagegen eintauschen wollen — es ist einfach wundervoll — wundervoll!

Es überkommt mich manchmal so stark, die Sehnsucht nach dem Primitiven, daß ich mit einem verträumten Blick dasitze und zu mir selbst murmele: *„Allein, allein — unter den Sternen zu sein! Alleine!"*

Mama hat gehört, wie ich das neulich sagte, und dachte, ich wäre verrückt geworden, und sie sagte: „Um Himmels willen, Hermine, worüber denkst du nach, und was willst du?"

„Die Sterne", murmelte ich und wußte kaum, daß ich laut sprach, „die Sterne und meinen Wilden!"

Mama war schockiert — sie sagt, daß eine unverheiratete Frau, die an einen Wilden denkt, einfach unfein ist.

Mama ist überhaupt nicht fortschrittlich, wissen Sie.

Sie ist lieb und sanft, aber sie glaubt überhaupt nicht an probeweise Eheschließungen.

Und ich muß zugeben, daß es mich schockiert hat, als ich das erste Mal von ihnen gehört habe. Aber das war, bevor ich diese Dinge ernst genommen hatte.

„Mama", sagte ich zu ihr, „es bringt nichts, wenn du vorgibst, schockiert zu sein. Ich habe ein Recht auf Glück. Und Glück bedeutet für mich, allein unter den Sternen zu sein, und barfuß und barhäuptig im Tau zu gehen."

„Allein mit einem Wilden!", sagte sie. Und dann weinte sie.

Tränen! — wie die altmodischen Frauen!

„Mama", sagte ich freundlich, aber bestimmt, „wenn es mein Schicksal ist, von einem unzivilisierten Wilden ent-führt und an einsame Orte unter den Sternen gebracht zu werden, wie könnte ich es vermeiden?"

Sie sagte, ich könnte mich wenigstens schicklich verhalten, und daß ich mich so benehmen würde, als ob ich entführt werden *wollte*.

Und zuweilen habe ich das Gefühl, daß das *wirklich* mein Schicksal sein könnte. Ich bin so hellsichtig, wissen Sie, und Hellsichtige fühlen eher, was ihr Schicksal ihnen vorsieht als die meisten Menschen.

Ich sagte Mama, daß meiner Meinung nach jede Frau das Recht habe, den Vater ihrer eigenen Kinder zu wählen, und sie war wieder schockiert. Und dann wollte sie wissen, was die Entführung durch einen Wilden mit der Wahl des Vaters der eigenen Kinder zu tun hatte, und woher ich wissen wollte, daß diese Wilden jedes Jahr eine andere Frau entführten?

Aber ich beruhigte sie.

„Mama", sagte ich, „du bist *nicht* fortschrittlich, und deswegen kann ich nicht mit dir streiten. Du würdest es nicht verstehen. Aber wenn ich primitiv *bin* – und ich glaube, daß ich es bin – wessen Schuld ist es? Von wem habe ich es geerbt?"

Sie konnte nichts dazu sagen. Sie wollte es nicht auf sich nehmen, daß ich es von ihr geerbt habe. Und sie wußte, wenn sie es Papa zuschob, würde ich sie fragen, wie sie es *wagen* könnte, mir einen primitiven Mann zu verweigern, wenn sie selbst einen geheiratet hatte.

Schließlich hörte sie auf zu weinen und sagte mit zusammengepreßten Lippen: „Hermine, *kennst* du irgendeinen dieser Wilden?"

Aber ich weigerte mich zu antworten. Ich ging auf mein Zimmer.

Zwietracht stört die Harmonie der Seele.

Das unterschwellige Bewußtsein muß immer in Harmonie mit dem kosmischen All schwingen.

Ich mache kein Aufhebens, wenn mich eine Person ärgert. Ich gehe einfach in die Stille und vibriere dort.

Aber ich grübelte unentwegt: „*Kenne* ich irgendwelche Wilden?"

Ich glaube ja – einen. Er versucht es zu verbergen. Aber es ist sein Geheimnis, da bin ich mir sicher.

Er hat so leuchtende Augen!

Wie ein Wolf, wenn er über einsame Orte läuft – allein unter den Sternen!

Und wie er ißt! Ich meine nicht, daß er dabei laut ist, das nicht. Aber die Art, wie er beim letzten Mal, als er mit mir speiste, einen Hühnerknochen zerbrach, war *wundervoll* – so ungezwungen, wissen Sie, und laut und – und – nun, primitiv! Ich bin *sicher*, er ist einer!

Ich würde mich niemals mit ihm in ein Auto setzen – es sei denn natürlich, er würde mir einen dieser bezwingenden Blicke zuwerfen, wie die unzivilisierten Wilden es in den Zeitschriften tun. Dann würde ich wissen, daß es mein Schicksal ist, und daß es nutzlos wäre, zu widerstehen.

Die kleine Gruppe
gibt ein heidnisches Maskenspiel.

Die kleine Gruppe gab eine Gesellschaft
Und alle Götter waren dort,
Von Thor bis hin zu Miss Susan Astarte
Mit Kleinigkeiten, die ihre Haare schmücken,

Bill Baldur und Jane Aphrodite,
Dick Vishnu und Benny O'Baal,
Und Bacchus kam in einem Nachthemd
Mit kleinen rosa Schlangen am Schwanz;

Lateinisch, phönizisch und hinduistisch,
Nordisch und ägyptisch und chinesisch...
Castor beobachtete seinen herumtollenden Zwilling,
Mit einem brüderlichen Augenzwinkern...

Persephone schwor bei Hades...
Eine Norne und ein sibyllinischer Dummkopf...
Ein Momos, der den Damen
Den neuesten olympischen Humpler zeigte.

War Hermine anwesend? Aber ja!
Unsere Hermine kam als Psyche –
Sie seufzte und überbrachte
Deutlich ihre Botschaft!

Und Fothergil Finch war da,
Ziemlich schmierig mit kosmischer Kosmetik,
Aber der Swami ging als der Swami
Nachdem er sich die Knoten aus seinen Haaren geölt hatte.

Ich sagte zu Hermine: „Göttin!
Du bist anmutig, du bist Griechin, du bist eine Rose,
Von den Schwingen, die sich von deinem Mieder erheben
Bis zum Rötel, den ich auf deinen Zehen bemerke,

„Und Fothergil hier, mit seinem Weihrauchgefäß,
Und seinen Wangen so rot wie Rüben,

Dein duftspendender Altardiener,
Ist süß wie eine Seite aus Keats,

„Aber sag mir, meine Dea – meine Psyche! –
(Mit deinen Schwingen, ausgebreitet wie zum Wettflug
Mit dieser schnellen und kopflosen Nike
Die ihre Bohne irgendwo in Thrakien verloren hat) –

„Meine Thea – meine klassische Taube! –
Ist nicht selbst deine Offenheit schockiert?
Durch diese schwindelerregenden
Darstellung der Religion?
Wird keiner dieser Götter verspottet?

„In den unbekannten Regionen – Thea! –
Wo der Gedachte mit dem Verstand sich trifft,
Wo das Idol auf den Gedanken kommt,
Und Pythagoras eine Gans beäugt,

„Frage ich mich, ob sie in den Himmeln
Von Brahm und Osiris,
Verärgert sind über dieses Vergnügen?
Mag Pluto den Ort, wo sein Feuer ist?
Was zur Hölle denken sie von diesem Maskenball?

„Wo die Avatare, die im Nirvana ertrunken sind,
Gefaltet wie Bienen in der Wabe liegen,
Wo Jupiter mit seinem funkelnden Stirnband
Den süßen Schaum abwischt,

„Wo die Gottheiten, gierig nach dem Sein,
Wiederauferstehen aus den Kadavern,

Während das wilde chaotische Sausen
Einem kosmischen Surren weicht,

„Genießen sie diesen Spaß der Narren?
Strafen sie nicht dieselben mit schlechter Laune?
Entzündest du diese düsteren großen Oberen?
Zu einem schärferen, unsterblichen Wehe?"

Hermine murmelte: „Wie unheimlich!
Du beschreibst meine eigene innere Stimmung!
Ach! aber die Welt ist weniger trostlos
Wenn man nur verstanden wird!

„Und ich danke dir, ich danke dir, daß du
Dich zu meiner persönlichen Sichtweise erhoben hast...
Ich *danke* dir für das *Sympathisieren*!
Lieber Mensch, wie du es stets *tust*!"

Mitgefühl.

Natürlich sind wir den Sommer über nicht in der Stadt —
niemand ist jetzt mehr in der Stadt — aber ich fahre ein-
oder zweimal die Woche hin, um mit einigen Leuten aus
meinen Komitees in Kontakt zu bleiben.

Soziologische Arbeit hält das ganze Jahr über an.

Natürlich ist es nicht so interessant wie im Winter. Im
Winter sieht man stärkere Kontraste, finden Sie nicht
auch?

Ein paar meiner Cousinen aus Cincinnati sind hier
gewesen. Sie sind an aller Art von Wohltätigkeitsarbeit
interessiert.

„Hermine", sagten sie, „wir wollen die Warteschlange der Armen, die um Brot anstehen, sehen."

„Meine Lieben", sagte ich, „ich zeige sie euch gern, aber dort gibt es im Sommer nicht viel zu sehen. Im Winter jedoch erweckt es das tiefste Mitgefühl."

Und man muß seine Sympathien erweckt halten. Oft sage ich mir nachts: „War ich heute mitfühlend oder habe ich *versagt?*"

Mama fehlt es oft an Mitgefühl. Sie ist dagegen, daß ich diesen Winter meinen Salon wiedereröffne.

„Hermine", sagte sie, „mir sind die Themen egal, mit denen du dich befaßt – oder die Leute, mit denen du dich beschäftigst – wenn du sie nur eins nach dem anderen aufnimmst. Und ich bin froh, wenn deine eigene kleine Gruppe sich hier trifft, weil es dich zu Hause hält. Aber ich will nicht alle verschiedenen Arten von Verrückten *gleichzeitig* hier haben, wo sie herumsitzen und über freie Liebe und Sexualerziehung diskutieren."

Ich war entrüstet. „Mama", sagte ich, „wie kommst du darauf zu sagen, daß sie die ganze Zeit darüber sprechen würden?"

„Weil", sagte sie, „ich bemerkt habe, daß sie, egal ob sie mit Soziologie oder Psychologie beginnen, am Ende doch immer auf Sex zu sprechen kommen."

Ist es nicht seltsam mit diesen unverdorbenen Menschen? – In der Generation davor war alles, was eine unverdorbenen Menschen wie Mama schockierte, sicherlich schlecht.

Aber heutzutage scheinen nur die bösartigen Menschen schockiert zu sein.

Den wirklich *reinsten* der unverdorbenen Menschen kann heutzutage überhaupt nichts schockieren.

Ich denke, Mama wird entweder die ganze Zeit unverdorbener oder verliert etwas – ich kann nicht sagen, was –, denn sie ist nicht mehr so leicht zu schockieren wie vor ein paar Monaten.

Aber ich war kürzlich selbst schockiert.

Ich habe herausgefunden, daß Pflanzen Sex haben, wissen Sie.

Stellen Sie sich vor – Karotten, Zwiebeln, Rüben, Kartoffeln und das alles!

Ist es nicht gräßlich sich vorzustellen, daß diese Bewegung sich bis ins Pflanzenreich ausgebreitet hat?

Ich schwor, daß ich nie wieder eine Kartoffel essen würde, solange ich lebte!

Und was *bringt* es schließlich - daß das Pflanzenreich Sex hat, meine ich?

Sogar eine gute Sache kann zu weit getrieben werden, verstehen Sie.

„Mama", sagte ich zu ihr, „du bist hoffnungslos rückständig. Sex ist eine großartige Sache. Jemand muß darüber reden. Und wer, außer den Vordenkern, ist dazu geeignet?"

Ich beabsichtige, jetzt nichts mehr darüber zu sagen – aber wenn die Zeit gekommen ist, *werde* ich meinen Salon wieder eröffnen.

Und soweit es um Sex geht – die richtige Art von Verstand wird etwas *Gutes* daraus ziehen, und die falsche Sorte wird *Schaden* nehmen.

Ich *mag* Diskussionen über Sex wirklich nicht mehr als Mama. Kein wirklich nettes Mädchen tut das.

Aber wir fortschrittlichen Denker sind es dem Volk schuldig.

Nicht daß das das Volk dankbar wäre. Vor allem nicht die unteren Klassen.

Erst letzte Woche versuchte ich, der Köchin einige fortschrittliche Ideen vorzustellen – zu ihrem eigenen Besten, wissen Sie, und weil man seinen Dienern eine geistliche Pflicht schuldet – und sie wurde wütend und kündigte.

Es ist eine schreckliche Sache mit den Dienern. Das Problem muß ernst genommen werden.

Blusen, Bulgaren und Buttermilch.

Einige von uns – unserer kleinen Gruppe fortschrittlicher Denker – befassen sich mit bulgarischer Buttermilch.

Sie kam ungefähr zur selben Zeit in Mode, wie die bulgarischen Blusen – dort war irgendwo ein Krieg, wissen Sie, vor diesem großen Krieg, der sie in Mode brachte.

Aber die Blusen sind wieder aus der Mode geraten, und die Buttermilch ist geblieben.

Es scheint, daß ein Bulgare namens Metschnikow[13] in Paris sich hinsetzt und diese Dinge entwirft – die Buttermilch, nicht die Blusen.

Ist Wissenschaft nicht wundervoll – einfach *wundervoll!*

Wir werden uns ernsthaft mit Metschnikow beschäftigen. Es heißt, daß er vorhat, das Leben zu verlängern.

Die Frage ist: „Sollte das Leben verlängert werden oder nicht?"

Die Vordenker werden das bald herausdreschen müssen.

Die Frage des hohen Alters ist subtil, nicht wahr?

---

[13] Ilja Iljitsch Metschnikow war ein russischer Bakteriologe und Immunologe, der u. a. die probiotische Ernährung erfand.

Und es ist sehr typisch für unsere Zeit, daß wir die Probleme des Alters diskutieren sollten, meinen Sie nicht?

Andere Epochen haben es natürlich getan, aber nicht optimistisch.

Die Frage fließt in alles ein – sogar in Modewaren.

Ich habe einen entzückenden Hut, der einem französischen Modell nachempfunden ist – um ihn mit meinen Wäschekostümen zu tragen, wissen Sie – eine breitkrempige schwarze Spitze mit schwarzsamtener Krone.

Es ist erst seit kurzem möglich, daß junge Frauen es sich leisten können, schwarz zu tragen, auch wenn es kleidsam wäre. Als Mama jung war, war das ein Zeichen dafür, daß die Jugend vorbei war.

Und heutzutage spielt das Alter auf die eine oder andere Weise keine Rolle mehr. Man ist so alt, wie man sich *fühlt*, wissen Sie.

Haben Sie sich schon intensiv mit einschläfernden Illusionen beschäftigt? Wir planen, uns ihnen zu widmen.

Dämmerschlaf.

Haben Sie schon etwas über den Dämmerschlaf[14] gelesen? Er ist wundervoll; einfach wundervoll!

Ein reizender Mann erzählte unserer kleinen Gruppe davon – erst gestern Abend.

„Hermine", sagte Mama, „ich will nicht, daß du dich weiter mit Themen dieser ostindischen Art beschäftigst. Kein Swami soll jemals wieder dieses Haus betreten!"

---

[14] Eine zu Beginn des 20. Jahrhunderts aufgekommene Methode, mit Hilfe einer Kombination von Medikamenten Schmerzen zu lindern, ohne das Bewußtsein gänzlich zu betäuben.

„Mama", sagte ich zu ihr, „du bist hoffnungslos rückständig. Es hat nichts damit zu tun, in die Stille oder zu Swamis zu gehen. Es ist völlig wissenschaftlich und überhaupt nicht übersinnlich. Und selbst wenn es übersinnlich wäre, was dann?"

„Kein Swami", sagte Mama noch sturer, „soll mir je wieder ins Haus kommen!"

Arme, liebe, dumme Mama! Sie bringt die Dinge so durcheinander!

„Was Swamis betrifft", sagte ich ihr, „wir stehen tief in ihrer Schuld. Woher hätten wir zum Beispiel jemals von Karma gehört, wenn es nicht von den Swamis gewesen wäre?"

Sie konnte nicht antworten; sie sah nur stur geradeaus; rückschrittliche Leute starren immer stur geradeaus.

„Woher", sagte ich, „haben wir Vedantas und Vegetarismus und das alternative Atmen bekommen?"

Sie konnte kein Wort sagen. Sie schmollte nur.

„Wer hat uns", sagte ich, „Seelenwanderung und Schwingungen gelehrt?"

Sie brach zusammen und weinte.

„Hermine", sagte sie, „ich *hasse* Howdahs und Kobras und Swastikas und all diese orientalischen Dinge einfach!"

Mama hat überhaupt keine Ahnung von Logik. Sie ist eine typisch altmodische Frau.

„Mama", sagte ich, „weine so viel du willst. Du wirst meine innere Harmonie nicht stören! Ich werde es dir nicht erlauben. Und mein Verstand ist erfüllt. Ich werde mich ernsthaft mit dem Dämmerschlaf befassen!"

Damit war das erledigt.

Ist Ihnen aufgefallen, daß in den letzten Tagen nur ein Hauch von Herbst in der Luft lag?

Haben Sie die neuen Herbstmoden gesehen? Sie sind wundervoll; einfach *wundervoll!*

Intuition.

Trotz allem, was wir für sie getan haben – mit wir meine ich die ernsthaften Denker der Welt – , sind manche Menschen so furchtbar unkultiviert!

Ein Mädchen hat mich neulich gefragt – und das Überraschende daran ist auch, daß sie zu unserer eigenen kleinen Gruppe fortschrittlicher Denker gehörte – sie fragte mich: „Hermine, bist du nicht absolut verrückt nach Rubaiyats Gedichten?"

Für einen Moment wußte ich gar nicht, wen sie überhaupt meinte.

„Er ist kein Amerikaner, oder?", sagte ich.

„Oh nein", sagte sie, „er ist irgendein Orientale."

„Sie meinen nicht Rubaiyat, meine Liebe", sagte ich zu ihr, „sondern Rabindranath. Rabindranath Soundso, dieser neue Mann – er ist wundervoll, meine Liebe, einfach wundervoll."

Und dann zitierte sie etwas davon und – der Gedanke ist zu absurd, aber was glauben Sie, war es?

Omar Chayyam – man stelle sich vor!

Und wirklich, wissen Sie, es ist Jahre her, seit irgend jemand Omar Chayyam zitiert hat; er ist *ziemlich* aus der Mode geraten.

Selbst die Frage, ob er moralisch war, erregt keine Aufmerksamkeit mehr. Was das betrifft, wird der reine Geist Reinheit aus ihm herausholen und der unreine Geist

Unreinheit. Honni soit qui[15] – wie ging es noch weiter? Oh, Sie wissen schon – es ist Latein – was die Römer über Cäsars Frau und ihre ständigen Verdächtigungen zu sagen pflegten.

Meine Güte, wie eine mißtrauische Frau einen Mann belasten kann!

Aber natürlich, wenn Frauen mehr und mehr über das Leben erfahren, das die Männer führen, stellen sie fest, daß ihr Verdacht berechtigt ist.

Ihre Intuition sagte ihnen das immer wieder.

Ich selbst verfüge über viel Intuition – in dem Moment, in dem ein Mann kommt, beurteile ich ihn schon.

Und meine ersten Eindrücke bleiben auch bestehen.

Ich bin sehr hellsichtig, wie Sie wissen.

Manchmal erschrecke ich mich fast, wenn ich an die Dinge denke, die meine Intuition mir sagen würde, wenn ich ihr unter meinen Freunden und Bekannten sozusagen freien Lauf ließe.

Aber ich halte sie zurück. Das muß man, wissen Sie. Ein reizender Mann hat uns gestern Abend einen so interessanten Vortrag über Selbstbeherrschung gehalten.

Und jetzt frage ich mich immer als letztes, bevor ich abends zu Bett gehe: „Habe ich mich heute zurückgehalten? Oder habe ich versagt?"

Es gibt keine echte Kultur ohne Zurückhaltung.

Das ist es, worin die Engländer so überlegen sind, finden Sie nicht?

Gestern Abend traf ich einen reizenden Engländer. In dem Moment, als ich ihn sah, sagte ich mir, daß er ein Aristokrat sein mußte. Andere Menschen haben natürlich

---

[15] Honni soit qui mal y pense (altfranzösisch; sinngemäß „Ein Schelm, wer Böses dabei denkt"), ist eine anglonormannische Redewendung.

auch Nasen wie ihre, aber nur die englische Aristokratie kann solche Nasen *tragen*.

Und meine Intuition lag richtig – es liegen nur fünf Menschen zwischen ihm und einem Titel, und einer davon ist ein Polospieler und ein anderer ist an der Front.

Jemand sagte mir, daß seine Familie ihn dafür bezahlen würde, daß er nicht nach Hause zurückkehrt, aber ich weiß nicht, was sie denken, das der arme Mann tun würde wenn er in England wäre, weil man sich dort nicht duellieren darf, wissen Sie. Wenn man sich dort duellieren dürfte, könnte er natürlich alle fünf Leben beseitigen.

Finden Sie nicht auch, daß diese alten europäischen Familien irgendwie so, so – nun, irgendwie so *romantisch* sind?

Das Anregen der Einflüsse.

Wissenschaft und Philanthropie sollten Hand in Hand gehen – zwei Herzen im Einklang und all das, wenn Sie verstehen, was ich meine.

Und sie tun es auch. Wir haben es gestern Abend besprochen – unsere kleine Gruppe ernsthafter Denker –, und wir haben entschieden, daß das, was die Philanthropie der Wissenschaft verdankt, daraus resultiert, was die Wissenschaft der Philanthropie verdankt.

Ist es nicht wunderbar, wie die Dinge sich so ausbalancieren?

Da sind zum Beispiel der Dämmerschlaf und die Mutter-Lehrerin-Idee.

Unsere kleine Gruppe denkt daran, eine Kampagne zu starten, um *alle* Lehrerinnen zu ermutigen, Mütter zu werden.

Und natürlich könnten viele von ihnen etwas dagegen haben, aber dann kommt der Dämmerschlaf und nimmt alle *möglichen* Einwände weg.

Und dann kommt die Philanthropie, um den Dämmerschlaf allen zugänglich zu machen — zumindest hoffen wir es — und wir werden die Sache alsbald mit einigen der Philanthropen besprechen.

Ist es nicht einfach *wundervoll*, wie das moderne Denken solche Themen zusammenbringt? Natürlich könnte es auch das moderne Denken nicht schaffen, wenn die Themen nicht zusammengehörten, oder? Es sei denn, sie wären — ähm — ähm —

Nun, Affinitäten. Obwohl mir das Wort nicht besonders wichtig ist.

Affinitäten sind ziemlich außer Mode geraten, wissen Sie. Von Affinitäten hört man in diesem Herbst nicht viel.

Auch nicht von Seelenverwandtschaften.

Obwohl ich davon überzeugt bin, daß hinter all dem Gerede darüber ein *Konzept* steht.

Ist es nicht merkwürdig, wie solche Konzepte kommen und gehen, und ziemlich altmodisch werden, und doch stets ein recht tiefgründiger Gedanke im Hintergrund steht?

Es gibt zum Beispiel kubistische und futuristische Kunst — man hört jetzt nicht annähernd so viel über sie, obwohl jeder zugibt, daß hinter ihnen ein Konzept steckt.

Natürlich wußte niemand, was dieses Konzept *bedeutete*.

Aber es war anregend.

Und warum sollte ein Konzept etwas *bedeuten*, wenn es *anregend* ist?

Anregung! Anregung! Das ist das Geheimnis des modernen Lebens!

Man sollte für die Anregung empfänglich sein – man sollte danach streben, zu stimulieren!

Man ist es den Massen schuldig zu stimulieren! Es ist die *Pflicht* der Führer des fortschrittlichen Denkens! Beinahe jeden Abend, bevor ich ins Bett gehe, frage ich mich: „War ich heute ein stimulierender Einfluß? Oder habe ich versagt?"

Fothergil Finch sagt, ich stimuliere *ihn*!

Der arme, liebe Kerl! – er wirkt ein wenig – nun – ähm – zu ermutigt, wenn Sie verstehen, was ich meine.

Aber so ist das mit den Dichtern.

Ich bezweifle, daß *irgendein* Dichter jemals eine rein platonische Freundschaft verstanden hat.

Ich warf ihm einen langen Blick zu und sagte: „Fothergil, *könntest* du bitte auf der platonischen Ebene bleiben?"

Er sagte nur: „Ach! Die platonische Ebene!"

Ich hoffe, er schafft es. Ich brauche ihn für meinen Salon.

Ich habe das gesamte Erdgeschoß des Hauses dafür herrichten lassen, wissen Sie, und kann ihn jetzt jederzeit wieder eröffnen!

Politik.

Ich denke daran, mich auf praktische Weise mit der Politik zu befassen.

Ich war nie eine aktive Wahlrechtlerin, wegen dieser schrecklichen gelben Farbe auf den Bannern und so weiter, wissen Sie.

Aber man muß die Ideale der Schönheit den Idealen der Nützlichkeit opfern, nicht wahr?

Und die Politik ist faszinierend. einfach *faszinierend*!

Umhergehen und Arbeitermädchen organisieren, korrupte Arbeitgeber treffen und sie für tugendhafte Zwecke gewinnen und sich selbst mächtig fühlen – könnte man sich selbst nützlicher machen?

Spirituell nützlicher?

Nützlichkeit! Das ist es, was unsere Vordenker entwickeln müssen!

Beinahe jeden Abend, bevor ich ins Bett gehe, sage ich mir: „War ich heute nützlich? Oder habe ich *versagt*?"

Politik, die praktische Politik, wird auch ein Ventil für meine Persönlichkeit sein.

Und wenn ich meinen Salon wieder eröffne, kann ich ihn auch für die Sache einspannen. Wir – unsere Gruppe fortschrittlicher Denker – werden bald einen Abend dem ernsthaften und gründlichen Studium der politischen Ökonomie widmen. Man sagt, sie sei einfach wundervoll. Eine reizende Frau hielt uns gestern Abend einen Vortrag. Sie ist eine Dichterin. Wenn Frauen die Verantwortung für die Angelegenheiten tragen, sagte sie, würden im öffentlichen Leben Humanitarismus, Idealismus und der Geist der Poesie herrschen.

Wäre das nicht schön?

Aber wir müssen praktisch denken und die Arbeitgeber auf unsere Seite bringen. Sie sind einfach gräßliche Leute, sowohl sozial als ethisch, wissen Sie. Aber der Gedanke, ihnen in ihren Schlupfwinkeln mit Petitionen und derlei zu trotzen, ist schrecklich faszinierend.

Obwohl ich nicht weiß, wie die Idee, Männer ganz abzuschaffen, funktionieren soll.

Einige der Vorkämpferinnen scheinen das zu wollen. Ich bezweifle nicht, daß es bewirkt werden könnte. Manche Pflanzen und Insekten haben nur das weibliche Geschlecht, wissen Sie. Und vielleicht wird die menschliche Rasse eines Tages auch so sein.

Obwohl ich für meinen Teil – wenn sie nur reformiert werden könnten! – es vorziehen würde, die Männer zu behalten.

Irgend etwas an ihnen ist so gut, so männlich, wenn Sie verstehen, was ich meine.

Aber ich muß mich beeilen – ich muß einkaufen gehen. Kleider sind langweilig, nicht wahr?

Hermine über die Erforschung des Übersinnlichen.

Spiritualismus kommt ziemlich in Mode, nicht wahr? Der liebe Sir Oliver Lodge hat in letzter Zeit einige Dinge bewiesen. Ich kann mir nicht vorstellen, wie jemand an einem Mann mit so einem schönen Gesicht zweifeln könnte!

Spiritualismus und Spiritismus sind etwas ganz Unterschiedliches, wissen Sie. Es hat lange gedauert, ehe der Spiritualismus ernst genommen wurde.

Außer natürlich von abergläubischen Leute.

Aber der Spiritismus ist gekommen, um zu bleiben. Er hat nichts mit Aberglauben zu tun. Er ist ein Teil des fortschrittlichen Denkens – ziemlich wissenschaftlich, wissen Sie, während der Spiritualismus nur eine Modeerscheinung war.

Und der Spiritualismus ist irgendwie mehr – nun, ähm – *gewöhnlich*, wenn Sie verstehen, was ich meine. Die Sorte Menschen, die man gut kennen muß, hat den Spiritualismus zugunsten des Spiritismus fallen lassen.

Natürlich ist ein Geist ein Geist, ob er nun durch Spiritismus oder Spiritualismus materialisiert wird.

Mir wurde oft gesagt, daß ich von Natur aus sehr hellsichtig bin – wenn ich ausgebildet würde, würde ich ein großartiges Medium abgeben. Medien haben Schemen gesehen, die um meinen Kopf schweben, und einmal, als ich in der Schule war, habe ich etwas automatisch geschrieben.

Es war eine seltsame, mühelose Sache! Ich hatte einen Stift in der Hand und ohne an etwas Bestimmtes zu denken, kritzelte ich einfach drauflos, und was ich schrieb, war wieder und wieder: „Wenn es im Verlauf der Ereignisse notwendig wird; wenn es im Verlauf der Ereignisse notwendig wird".

Ich war ziemlich verblüfft, denn das letzte, woran ich gedacht hatte, war eine Algebra-Aufgabe und gar nichts Geschichtliches. Wir hatten unsere Geschichtsprüfung Tage zuvor.

Ich fühlte mich, als hätte sich eine unsichtbare Hand aus dem Jenseits herausgestreckt und die meine ergriffen!

War das nicht seltsam?

Und ich weiß auch wer es war. Ein entfernter angeheirateter Verwandter väterlicherseits von Mama war einer der Männer, die 1776 in Faneuil Hall in Philadelphia die Verfassung der Vereinigten Staaten unterzeichneten, und es war *sein* Geist, der versuchte, seine Botschaft durch mich zu übermitteln!

Und erst letztes Jahr bin ich auf einen sehr ähnlichen Fall gestoßen. Nur daß er noch viel seltsamer war als meiner. Denn es geschah auf einer Schreibmaschine – was beweist, daß der Schleier zwischen den beiden Welten sehr dünn sein muß, nicht wahr, wenn die Geister sich mit modernen Erfindungen befassen?

Es ist einer von Papas Stenographinnen passiert. Ich hatte sie bei mir im Haus, damit sie Notizen für einen Bericht erstellen konnte, den ich für eines der soziologischen Komitees erstellte, in denen ich damals war.

Und sie erstellte die Notizen und brachte sie für mich in Form, aber als sie den Bericht zu mir schickte, war die Rückseite eines der Blätter mit nur einem Satz angefüllt, der wieder und wieder geschrieben worden war. Sie wußte natürlich nicht, daß sie dieses Blatt mit verschickt hatte.

Es war so seltsam, daß ich sie danach fragte.

Sie schaute etwas eigenartig und sagte, wenn sie nicht an etwas Bestimmtes dächte, sondern nur vor ihrer Schreibmaschine säße und nicht arbeitete, schriebe sie immer diesen Satz.

„Es kommt mir einfach in den Sinn", sagte sie, „und dann schreibe ich es."

„Eine okkulte Kraft führt Ihre Finger?", fragte ich.

„Ja, Ma'am, das ist es", sagte sie.

Immer und immer wieder hatte sie geschrieben: „Jetzt ist es an der Zeit, daß alle guten Männer der Partei zur Hilfe eilen."

Und nun kommt der unheimliche Teil – es erschreckte mich fast, als ich es aus ihr herausholte! – ihr Vater war eine Art Politiker gewesen; ein Bezirksleiter oder so etwas. Und er war tot und sie mußte arbeiten gehen.

Aber er versuchte, eine Nachricht durch sie zu übermitteln!

Ist die übersinnliche Forschung nicht einfach wundervoll!

Nicht, daß ich mich für irgendwelche vulgären Dinge wie Blechtrompeten interessieren würde, aber —

Nun, da ist der Astralkörper. Der wurde überhaupt nicht zur Alltäglichkeit herabgewürdigt, wenn Sie verstehen, was ich meine. Wirklich, die besten Leute haben einen.

Die Gesandte.

(Die unsterbliche Hermine)

Sie wird nicht sterben! — im Geistesblitz-Gewirr
Von Sonderlingen und Verrückten
Soll es ewig summen und summen,
Und sowohl Spuk als Swami geben mit Denkern sich
Ein Stelldichein in einem geistigen Nebel.
Du bedrohst sie mit Nacht und Kummer?
Aus der Stille rufe ich,
Weitere kleine Gruppen werden morgen entstehen!

Die Klatschbasen sind niemals stumm,
Die nutzlosen Mühlen sollen bis zum Jüngsten Tag
Ihren Schrot aus Sand mahlen;
Die Winde des Unsinns säuseln stets.
Du murrst und schüttelst eine ehrliche Faust—
Du bedrohst sie mit Nacht und Kummer?
Töte einen Möchtegern-Denker, doch
Weitere kleine Gruppen werden morgen entstehen!

Indem das Mädchen mit Pralinen den hungrigen
Herumtreiber füttert
Spielt sie eine Philanthropin—
Jeden Schnickschnack, das neueste Spielzeug,
Schwingt sie wie einen Armreif an ihrem Handgelenk—
Munterer Papagei und vorwitziger Egoist,
Du bedrohst sie mit Nacht und Kummer?
Hermines Salon wird doch bestehen bleiben, und
Weitere kleine Gruppen werden morgen entstehen!

Sie, die Prinz Plattitüde geküßt hat,
Sie bedrohst du mit Nacht und Kummer?
Töte sie zu Tausenden, mein Freund - aber höre:
Weitere kleine Gruppen werden morgen entstehen!